Grundzüge des Hinduismus

Danksagung

Der Verfasser möchte Shrî Keshavram Iengar, Mysore, für seine wertvolle Hilfe danken, ebenso für die Erlaubnis, seine Sanskrit-Kalligraphie auf Seite 75 abbilden zu dürfen.

Ebenso möchte er Herrn Dominique Wohlschlag, Confignon, Schweiz, für seine fachkundige Anleitung bei der Umschreibung von Sanskritwörtern danken.

Die Zeichnungen der Hindugötter auf Seite 34f. sind entnommen aus *A Handbook to India, Pakistan, Burma and Ceylon* (John Murray, London, 1962), herausgegeben von Professor L. F. Rushbrook Williams, C.B.E. und Sir Arthur C. Lothian, K.C.I.E.

Die Zeichnungen der Vishnu-Inkarnationen auf Seite 37 sind einer Veröffentlichung der *Indian Students Association of Manchester*, England, entnommen, die in den 1950er-Jahren erschienen ist.

Das OM-Symbol auf der Seite 3 wurde freundlicherweise von World Wisdom Books, Bloomington IN, USA zur Verfügung gestellt.

William Stoddart

GRUNDZÜGE DES HINDUISMUS

Aus dem Englischen von

Wolf Allmaras

VERLAG
H. J. MAURER

Auf dem Cover:
Kangra-Miniatur aus dem 18. Jahrhundert von Krishna, der achten Inkarnation Vishnus, und seiner Gefährtin Râdhâ

Englische Originalausgabe:
Outline of Hinduism
by William Stoddart
Erschienen 1993 bei The Foundation of Traditional Studies
ISBN 0-9629984-1-9

German edition by arrangement with the author.

Deutsche Ausgabe:

Aus dem Englischen von Wolf Allmaras
Satz: Hans-Jürgen Maurer
Cover: Rosi Weiss

Verlag Hans-Jürgen Maurer
Im Trierischen Hof 14
60311 Frankfurt am Main
www.maurer.press

info@maurer.press

ISBN 978-3-929345-63-6

Herstellung: BoD, Norderstedt

Inhalt

1. Was ist Religion? 9
2. Was ist Orthodoxie? 13
3. Die Stellung des Hinduismus innerhalb der Religionen der Welt 17
4. Die Religion eines Volkes 21
5. Urbestände hinduistischer Metaphysik 23
6. Die beiden Dreiheiten im Hinduismus 27
7. Die hinduistische Götterwelt 29
   I. Die vedischen Götter 29
   II. Die puranischen Götter 31
   III. Die Inkarnationen Vishnus 35
8. Menschwerdung Gottes (Inkarnation) und Bilderverehrung (Ikonodulie) 39
9. Das männliche und das weibliche Prinzip 41
10. Die fünf Stufen der Wirklichkeit 45
11. Die Kosmologie der Hindus 49
12. Die vier Kasten 51
13. Die drei geistigen Wege (*Mârgas*) 61
14. Yoga 67
15. Die Heiligen Schriften der Hindus 73
16. Die Hindu-Epen 79
17. Die sechs Anschauungsweisen (*Darshanas*) 83
18. Vishnuismus und Shivaismus 85
19. Die vier Zeitalter (*Yugas*) 87
20. Die vier Lebensabschnitte (*Âshramas*) 91
21. Seelenwanderung (*Transmigration*) 93
22. Die Frage des „Pantheismus“ 97
23. Weise und Heilige vergangener Zeiten 99
24. Jagadgurus und Shankarâchâryas 101
25. Weise und Heilige neuerer Zeit 105

26. Heilige Städte, heilige Flüsse, Pilgerstätten 119
27. Zwei Anblicke hinduistischer Frömmigkeit 125
28. Zwei Beschreibungen hinduistischer Kunst 127
29. Empfohlene Werke 133

Abbildungen

1. Die Heilige Silbe OM (siehe auch Seite 26) 3
2. Nordindischer Tempel 20
3. Die puranischen Götter 31
4. Die zehn Inkarnationen (*Avatâras*) Vishnus 37
5. Vishnu 38
6. Shiva and Pârvatî 44
7. Südindischer Tempel 69
8. Umâ bei der Anbetung Shivas 70
9. Hymne an Dakshinâmûrti 75
10. Râma 81
11. Krishna und Râdhâ 103
12. Pârvatî 104
13. Shrî Râmakrishna Paramahansa 107
14. Shrî Swami Bhaskarânanda 109
15. Shrî Râmana Mahârshi 111
16. Der Jagadguru von Kanchipuram 113
17. Swami Ramdas 115
18. Mâ Ânanda Mâyî 117
19. Landkarte von Indien 122
20. Shiva Natarâjâ 131
21. Das Kali-Yantra 137

Zur Umschreibung indischer Wörter

Sanskrit- und Hindiwörter werden hier gemäß der bekanntesten internationalen Übereinkunft wiedergegeben, nach der die Konsonanten meist wie die entsprechenden englischen, die Vokale wie die entsprechenden deutschen ausgesprochen werden. Wir erwähnen hier die wichtigsten Fälle, in denen die Konsonanten anders ausgesprochen werden als im Deutschen:

Englisch oder international		Deutsch
ch	=	tsch
j	=	dsch
sh	=	sch
y	=	j
s	=	ss
z	=	s (wie in „so“)
v	=	w
w	=	wie im englischen Wort „wet“
th*	=	getrennt ausgesprochen: t-h-
dh*	=	getrennt ausgesprochen: d-h-

* In diesen beiden Fällen ist es anders als bei der Umschreibung arabischer Wörter, wo „th“ wie im englischen Wort „thin“ und dh wie im englischen Wort „then“ ausgesprochen wird.

Aus dem Unwirklichen führe mich zum Wirklichen;
Aus der Finsternis führe mich zum Licht;
Aus dem Tode führe mich zur Unsterblichkeit.

Brihadâranyaka Upanishad, I, 3, 27

1

Was ist Religion?

Etymologisch gesehen ist Religion das, was bindet, und im Besonderen das, was den Menschen an Gott bindet. Die Religion bezieht den Menschen auf zwei Weisen ein: erstens, indem sie die Natur und den Sinn des Weltalls erklärt bzw. indem sie die Wege Gottes dem Menschen gegenüber rechtfertigt (dies ist „Theodizee"); und zweitens, indem sie die Aufgabe und den Zweck des Menschen im Weltall erläutert und ihn lehrt, sich von dessen Begrenzungen, Einengungen und Schrecken zu befreien (dies ist „Soteriologie").

An erster Stelle ist Religion eine *Lehre* von der Einheit: Gott, der zugleich Schöpfer und Letztes Ende des Weltalls und des Menschen ist, ist Einer. An zweiter Stelle ist Religion eine *Methode* der Einung: ein sakramentaler Pfad, ein Weg der Rückkehr, ein Heilsmittel.

Wie immer man sie nennen mag, diese beiden Bestandteile sind stets vorhanden: Theodizee und Soteriologie; Lehre und Methode; Theorie und Praxis; Dogma und Sakrament; Einheit und Einung.

Die Lehre oder die Theorie betrifft den Verstand; die Methode oder die Praxis betrifft den Willen. Eine wahre Religion muss immer den Verstand und den Willen einbeziehen.

Der zweite oder praktische Bestandteil der Religion kann in Anbetung und Sittlichkeit unterteilt werden. Die Anbetung, das sakramentale Element, äußert sich im Allgemeinen als

Teilnahme an den offenbarten Riten (in Gemeinschaft oder für sich allein), wobei der Zweck die Angleichung des menschlichen Willens an den göttlichen Willen ist.

Die Sittlichkeit, das gesellschaftliche Element, besteht darin, „die Dinge zu tun, die getan werden sollen, und nicht die Dinge zu tun, die nicht getan werden sollen". Einige der Inhalte der Sittenlehre sind universal: „Du sollst nicht falsch Zeugnis reden wider deinen Nächsten", „Du sollst nicht töten", „Du sollst nicht stehlen", usw.; einige der Inhalte der Sittenlehre sind kennzeichnend für die betreffende Religion: „Du sollst dir kein Bildnis machen", „Was Gott zusammengefügt hat, soll der Mensch nicht scheiden", usw.

Wir sind somit bei den drei Elementen angelangt, die René Guénon als die bestimmenden Grundbestandteile einer jeden Religion ansah: Dogma, Anbetung und Sittlichkeit. Auf einer höheren Stufe, jener der Geistigkeit oder Mystik, werden sie in der Ausdrucksweise Frithjof Schuons zu: Wahrheit, geistigem Weg und Tugend. Letztere besteht aus Demut und Andacht.

*
* *

Die wichtigste Grundaussage über Religion ist, dass sie nicht vom Menschen geschaffen ist, sondern von Gott offenbart. Göttliche Offenbarung ist ein *sine qua non*; ohne sie gibt es keine Religion, sondern nur vom Menschen erdachte Ideologie, in der weder ein sakramentales noch ein heilsbringendes Element vorhanden ist.

Der nächste wichtige Grundbegriff ist die Überlieferung (Tradition). Sobald eine Religion einmal offenbart ist, wird sie – in ihrem Wesen unverändert, in ihrem Äußeren aber oft zunehmend ausgestaltet – dank der Kraft der Überlieferung von einer Generation zur nächsten weitergegeben. Schließlich kommt noch das Merkmal der Lehrrichtigkeit (Orthodoxie) hinzu, die eng mit der Überlieferung zusammenhängt und die als Prinzip der Wahrheit gilt oder, praktisch gesehen, als Mittel zur Bewahrung lehrmäßiger Reinheit.

Zusammenfassend lässt sich sagen: Die wesentlichen Inhalte einer Religion bestehen aus Dogma, Anbetung und Moral, und ihre unerlässlichen „Behälter" bestehen aus Offenbarung, Überlieferung und Lehrrichtigkeit.

Im Herzen eines jeden wohne Ich.

Bhagavad-Gîtâ, XV, 15

2

Was ist Orthodoxie?

Heutzutage versteht man unter Orthodoxie allzu oft nur eine Form von Intoleranz: Eine Gruppe von Leuten zwingt anderen ihre eigenen Ansichten auf. In diesem Zusammenhang ist es jedoch nützlich, sich der ersten Station auf dem „Edlen Achtfachen Pfad" des Buddhismus zu erinnern. Sie beinhaltet „rechte Ansichten", „rechtes Denken" und „rechtes Verstehen".

Es ist offensichtlich, weshalb „rechtes Verstehen" den höheren Rang einnimmt, denn logischerweise und tatsächlich geht es „rechtem Handeln" voraus. Und nichts anderes als „rechtes Verstehen" oder „rechtes Denken" bezeichnet das aus dem Griechischen stammende Wort „Orthodoxie" (oder, deutsch gesagt, Lehrrichtigkeit).

Um es weiter auszuführen: 2 + 2 = 4 ist orthodox; 2 + 2 = 5 ist nicht orthodox. Das mag einfach erscheinen, aber es lässt sich in gleicher Weise auch auf weit höheren Ebenen anwenden. Eine andere Sichtweise ist folgende: Selbst unter den heutigen Umständen wahren viele Menschen den Begriff der „sittlichen Reinheit" und messen ihm einen hohen Wert bei. Orthodoxie ist „intellektuelle Reinheit" und als solche ist sie eine unerlässliche Voraussetzung für Gnade. So gesehen – und weit davon entfernt, den Menschen zu sagen, was sie zu glauben haben – ist Orthodoxie nichts anderes als ein Hinweis auf den Vorrang und das Vorrecht der Wahrheit. In der Tat ist die Orthodoxie das Prinzip der Wahrheit, das sich durch die Mythen, die Symbole und die Dogmen, welche die eigentliche Sprache der Offenbarung sind, hindurchzieht.

Wie die Sittlichkeit, kann auch die Orthodoxie entweder universal (Übereinstimmung mit der Wahrheit als solcher) oder spezifisch (Übereinstimmung mit den Formen einer bestimmten Religion) sein. Sie ist universal, wenn sie behauptet, Gott sei unerschaffen oder Gott sei unbedingt und unendlich. Sie ist spezifisch, wenn sie behauptet, Jesus sei Gott (Christentum) oder Gott nehme die dreifache Form von Brahmâ, Vishnu und Shiva an (Hinduismus).

Das Abweichen von der Orthodoxie ist Häresie: entweder wesentliche Häresie (zum Beispiel Atheismus) oder äußerliche Häresie (zum Beispiel, wenn ein Muslim nicht an die Göttlichkeit Jesu glaubt).

Orthodoxie entspricht der Norm, Häresie widerspricht ihr. An dieser Stelle sei eine Metapher aus der Medizin erlaubt: Das Studium der verschiedenen überlieferungsmäßigen Orthodoxien ist Sache des „Physiologen", wohingegen das Studium der Häresien (wäre es überhaupt lohnend) Sache des „Pathologen" ist.

Orthodoxie ist besonders wichtig in einer Welt, in der die großen Religionen voneinander wissen, und wo ihre jeweiligen Anhänger oft Seite an Seite miteinander leben. Sie ist ebenso wichtig auf dem Gebiet der Religionswissenschaft. Dieser Gesichtspunkt wurde von Bernard Kelly treffend mit folgenden Zeilen beschrieben:

> „Verwirrung ist unvermeidlich, wenn immer sich Kulturen, die auf grundlegend verschiedenen geistigen Überlieferungen gründen, miteinander vermischen, ohne strenge Maßregeln getroffen zu haben, um ihre Reinheit zu bewahren. Der Kreuzfahrer mit dem Kreuzwappen auf

der Brust, das Lendentuch und das Spinnrad des Mahatma Gandhi, wenn er Europa besuchte, sind Sinnbilder für die Art von Vorsicht, die sich empfiehlt, wenn man in ein geistig fremdes Gebiet reist. Der heutige Reisende ist in seinem Nadelstreifenanzug vor jedem Verdacht geschützt, es bei Geschäftsbesprechungen an Ernsthaftigkeit mangeln zu lassen. Von weitaus wichtigeren Schutzmaßnahmen weiß er jedoch nichts. Die völlige Säkularisierung der heutigen westlichen Welt hat, wohin ihr Einfluss auch immer reicht, die Schleusen für eine Verwirrung geöffnet, die die festen Umrisse des Geistes wegschwemmt ... Überlieferte Maßstäbe ... sind die Wertmesser für Kultur und Zivilisation. Überlieferung und Orthodoxie sind somit die Vorbedingung für jede Auseinandersetzung zwischen den Religionen selbst."*

* *Dominican Studies* (London), Band 7, 1954, Seite 256

Weise benennen die Eine Wirklichkeit mit vielen Namen.

Rig Veda, I, 164, 46

3

Die Stellung des Hinduismus innerhalb der Religionen der Welt

Die Weltreligionen lassen sich ihrer Natur nach in drei große Kategorien einteilen: Erstens die hyperboreischen Schamanenreligionen (zu denen der Konfuzianismus, der Taoismus, der Schintoismus und die Religion der nordamerikanischen Indianer gehören), zweitens die arischen Mythologien (zu denen der Hinduismus, der Buddhismus und die erloschene griechisch-römische Religion gehören) und drittens die semitischen Monotheismen (Judentum, Christentum und Islam).

Für das Verständnis des Hinduismus ist es hilfreich, sich in Erinnerung zu rufen, dass er mit der Religion des alten Griechenland verwandt ist. Beide Glaubenslehren sind arischer Herkunft (Sanskrit, die heilige Sprache der Hindus, und Griechisch sind verwandte Sprachen); beide sind mythologisch (ihre Götterwelten entsprechen einander: das Höchste Sein ist bei den Hindus Îshvara und bei den Griechen Zeus); die volkstümliche (oder exoterische) Religion findet in beiden Fällen ihren Ausdruck in den Epen (*Râmâyana* und *Mahâbhârata* im Hinduismus, *Ilias* und *Odyssee* im griechischen Raum); die Weisheitslehren (oder esoterischen Lehren) sind vergleichbar (Vedânta im Hinduismus, Pythagorismus und Platonismus in Griechenland); die Tempel-Architekturen beider Religionen (Konstruktion mit Säule und Sturz; abgestufte Dach-Konstruktion) sind auch vergleichbar. Im Kontrast dazu steht der römische, christliche und islamische Rundbogen, der sich letztlich vom etruskischen Rundbogen ableitet.
Ganz anderer Natur ist der Gegensatz, der zwischen dem

Hinduismus und den semitischen Monotheismen, insbesondere dem Islam, zu beobachten ist. Die eine Religion ist arisch, die andere semitisch; die eine ist mythologisch (und „polytheistisch"), die andere theologisch (und monotheistisch); die eine ist hierarchisch, die andere „egalitär" (jedoch nicht im modernen Sinne des Wortes); die Schrift des Hindutums geht von links nach rechts, die des Islam von rechts nach links; beim rituellen Umschreiten eines Heiligtums geht der Hindu im Uhrzeigersinn, der Muslim entgegen dem Uhrzeigersinn; Hindu-Frauen der oberen Schichten konnten (in früheren Zeiten) halbnackt sein, ohne die Schicklichkeit zu verletzen, wohingegen Muslim-Frauen (besonders die der oberen Schichten) vollständig verhüllt sind; Hindus sind größtenteils Vegetarier, Muslims hingegen essen Fleisch; der Hinduismus ist die älteste Religion, der Islam die jüngste; es gibt etwas Uranfängliches oder Ursprüngliches im Hinduismus und etwas vom Wesen des Zeitenendes im Islam.

Es ist sehr bemerkenswert und sicher von der Vorsehung gewollt, dass zwei so unterschiedliche göttliche Offenbarungen wie der Hinduismus und der Islam nebeneinander in Indien existieren sollten. Dârâ Shukûh, der Sohn des Mogulherrschers Shâh Jahân, erklärte, als er über die jeweiligen geistigen Wege sprach: „Die Lehre des Sufistums und die Lehre des Vedânta sind eins." Oder, wie es Gandhi in aller Kürze ausgedrückt hat: *Îshvara Allâh Tere Nam* („*Îshvara* und *Allâh*, beide sind Deine Namen").

Die Einteilung der Weltreligionen ist schematisch auf der gegenüberliegenden Seite dargestellt:

I. Die hyperboreischen Schamanenreligionen

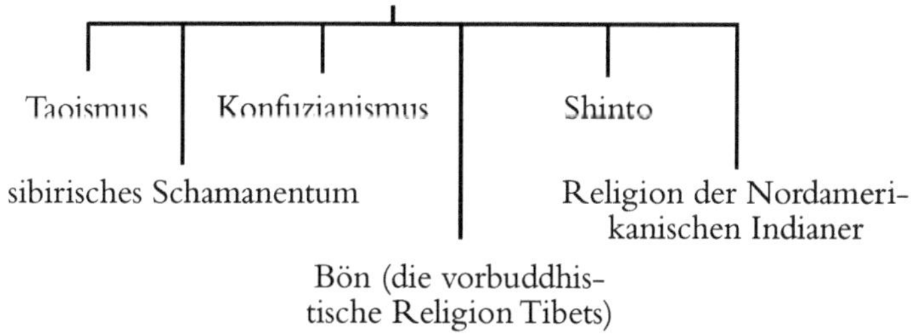

II. Die arischen Mythologien

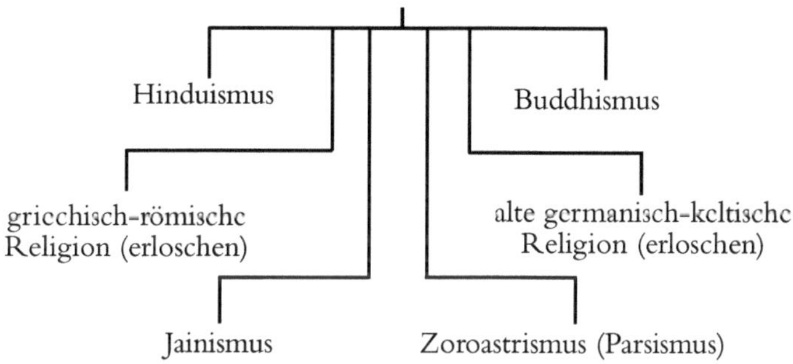

III. Die semitischen Monotheismen

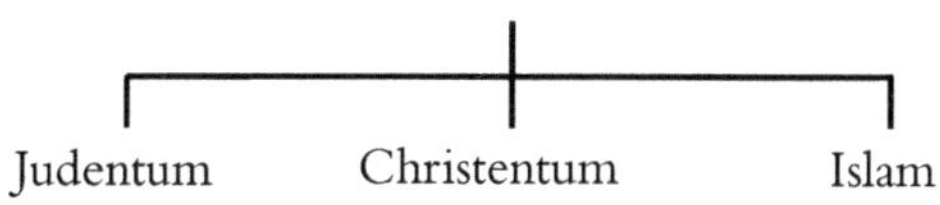

Nordindischer Tempel
(Der Jagannath-Tempel in Puri)

4

Die Religion eines Volkes

Wenn man den Ausdruck „Weltreligionen“ benutzt, ist es wichtig, sich des Unterschiedes bewusst zu sein, der zwischen jenen Religionen besteht, die ihre Botschaft an „alle Völker“ richten, zu denen, deren Botschaft auf ein einziges Volk beschränkt ist. Zur ersten Kategorie zählen die „missionarischen“ Religionen: Buddhismus, Christentum und Islam, welche auch als „universal“ bezeichnet werden können; sie predigen allen Menschen und haben Anhänger in vielen Ländern. Zur zweiten Kategorie gehören Hinduismus und Judaismus, die nicht missionieren und die sozusagen die Religionen eines Volkes oder einer einzigen Nation sind.

Zum Buddhismus, Christentum und Islam kann man übertreten und man versucht oft mit allen Mitteln, Menschen zu bekehren. Der Hinduismus und der Judaismus hingegen – mit ganz besonderen Ausnahmen – bekehren weder, noch nehmen sie üblicherweise Übergetretene auf. Um Anhänger einer dieser Religionen zu sein, muss man im Allgemeinen in sie hineingeboren werden; im besonderen Fall des Hinduismus ist es auch von Bedeutung, in welche Kaste man geboren ist (siehe auch Seite 51 ff.).

Der Ausdruck „Hinduismus“ wird im Allgemeinen als genau und zutreffend für die in diesem kleinen Werk behandelte Religion angesehen. In der Hinduüberlieferung selbst aber wird sie oft als *Sanâtana Dharma* (das „Ewige Gesetz“ oder die „Uranfängliche Norm“) bezeichnet.

Was für den Unwissenden Nacht ist,
darin wacht der Weise;
was für den Weisen Nacht ist,
darin wacht der Unwissende.

Bhagavad-Gîtâ, II, 69

5

Urbestände hinduistischer Metaphysik

Im Hinduismus ist *Brahma* (oder *Brahman*) das Allerhöchste Prinzip: nämlich das Absolute, das Unendliche und das Vollkommene. Dies ist der unpersönliche bzw. überpersönliche Gott. Die erste Selbstbestimmung von *Brahma* ist *Îshvara* (der persönliche Gott). Das Weltall oder das Universum (*Samsâra* oder *Jagat*) ist eine Ausströmung oder eine Kundgebung von Îshvara (der dennoch in Hinblick auf die Welt transzendent bleibt).

Gemäß der metaphysischen Terminologie René Guénons und Frithjof Schuons ergeben sich folgende Zuordnungen:

Brahma-nirguna (das „eigenschaftslose Brahma“)	=	Übersein (die göttliche Wesenheit oder Essenz)
Brahma saguna („Brahma mit Eigenschaften“ oder *Îshvara*)	–	Sein (der persönliche Gott)
Samsâra (oder *Jagat*) (Kundgebung, oder Schöpfung)	=	Dasein, Manifestation, Schöpfung

Für das Absolute Prinzip werden zwei Begriffe verwandt: Brahma und Âtmâ. Beide werden als transzendent und immanent angesehen, die Vorstellung der Transzendenz (des Allerhöchsten) wird jedoch eher mit Brahma verbunden und die Vorstellung der Immanenz (des Tiefinnersten) eher mit Âtmâ.

Para-Brahma (das „unbedingte Brahma") entspricht Brahma-nirguna („dem eigenschaftslosen Brahma"). Apara-Brahma (das „bedingte Brahma" entspricht Brahma-saguna („Brahma mit Eigenschaften" oder Îshvara).

Âtmâ kann in gleicher Weise auf zwei Ebenen betrachtet werden: Paramâtmâ („das bedingungslose Selbst") und Âtmâ (das „bedingte Selbst"), das auf der Ebene des persönlichen Gottes steht).

Alles unterhalb der Ebene von Brahma-nirguna oder Para-Brahma gehört zum Bereich von Mâyâ (dem „Nicht-Absoluten", „Verhältnismäßigen", „Relativen", oder „Bedingten"). Die Vorstellung von Mâyâ schließt beides ein: Îshvara und Samsâra, Sein und Dasein, Schöpfer und Schöpfung. Nur das Übersein (das Unbedingte oder die göttliche Wesenheit) ist absolut. Die Ebene des Seins kann, mit den Worten Frithjof Schuons, als das „relativ Absolute" angesehen werden. (Siehe auch Seite 45 f.)

Im Hinduismus wird gesagt: „Die Welt ist falsch (unwirklich), Brahma ist wahr (wirklich)." Dies drückt die Ausschließlichkeit des Allerhöchsten Prinzips und die totale Unwirklichkeit all dessen aus, was „nicht ist".

Ebenso wird gesagt: „Jegliches Ding (in seiner letzten und

immerwährenden Wesenheit) ist Âtmâ." Dies drückt das Mitinbegriffensein des Allerhöchsten Prinzips und die letzte Wirklichkeit all dessen aus, was „ist".

Âtmâ (im Sinne von Paramâtmâ, dem Absoluten) wird häufig im Sinne von „das Wahre" (oder „das Wirkliche") gebraucht. Mâyâ (die das Relative ist) wird häufig im Sinne von „das Falsche" (oder „das Täuschende") gebraucht. Mâyâ kann jedoch auch im positiven Sinne als Krishna-Lîlâ („göttliches Spiel", „göttliche Kunst", „göttlicher Zauber" oder „Schein") gesehen werden.

Beim Vorgang der Kundgebung teilt sich das Sein (Îshvara) in ein aktives oder männliches Prinzip, *Purusha*, und ein passives oder weibliches Prinzip, *Prakriti*. Aus dem Zusammenwirken dieser beiden Prinzipien geht das Dasein oder die Kundgebung (Samsâra oder Jagat) hervor. Siehe auch Kapitel 9, Seite 41 f.

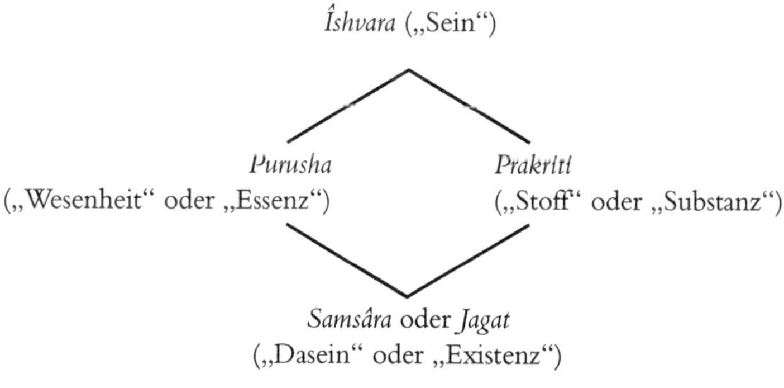

Die heilige Silbe OM (siehe Seite 3) wird als eins mit Âtmâ und Brahma angesehen. Sie ist aus drei Buchstaben zusammengesetzt, A, U, und M, wobei die ersten beiden zu O verschmelzen. Als Träger der Gottheit wird die heilige Silbe von den Hindus häufig angerufen, wobei sie im Allgemeinen von einem anderen offenbarten Namen Gottes begleitet wird.

Brahma satyam, jagan mithyâ;
jivo brahmaiva nâparah.

Gott ist Wirklichkeit, die Welt ist Schein;
Die Menschenseele [in ihrer Essenz] ist nichts anderes als Brahma.

6

Die beiden Dreiheiten im Hinduismus

Im Hinduismus gibt es zwei große Dreiheiten, von denen die eine „waagerecht“ und die andere „senkrecht“ genannt werden kann.

Mythologisch – das heißt im Hinblick auf das Hindu-Pantheon – wird Îshvara (das „Sein“ oder der persönliche Gott) in drei Anblicken (*Trimûrti* = die dreifache Kundgebung) betrachtet. Diese sind *Brahmâ*, der Schöpfer, *Vishnu*, der Erhalter, und Shiva, der Zerstörer oder Verwandler. Die waagerechte Dreiheit stellt sich so dar:

Brahmâ		**Vishnu**		**Shiva**
(Schöpfer)	——	(Erhalter)	——	(Zerstörer oder Verwandler)

Anmerkung:
Man muss deutlich unterscheiden zwischen *Brahma* (oder Brahman), dem Allerhöchsten Prinzip, und *Brahmâ*, dem ersten der drei Anblicke oder „Gesichter“ Îshvaras.

Die „senkrechte" Dreiheit besteht aus *Sat-Chit-Ânanda* (Sachchidânanda), den drei inneren Ausdehnungen oder Hypostasen der Allerhöchsten Gottheit, Brahma:

Sat	Sein	OBJEKT	(das Allerhöchste Prinzip, Transzendenz)
|	|	|	
Chit	Bewusstsein	SUBJEKT	(das tief innerste Selbst, Immanenz)
|	|	|	
Ânanda	Glückseligkeit	EINHEIT	(Einung)

René Guénon zeigte auf, wie die „senkrechte" Dreiheit des Hinduismus (Sein-Bewusstsein-Glückseligkeit) in einer entsprechenden Beziehung zur Dreifaltigkeit des Christentums (Vater, Sohn und Heiliger Geist) steht. Dies wird umso augenscheinlicher, wenn man sich die Bezeichnung der christlichen Dreifaltigkeit als „Sein–Weisheit–Leben", wie sie der heilige Augustinus gebraucht hat, in Erinnerung ruft.

Was die „vollbringende" oder „geistige" Anwendung der Lehre von *Sat-Chit-Ânanda* betrifft, siehe Seite 72.

7

Die hinduistische Götterwelt

Auf Seite 17f. wurde aufgezeigt, dass der Hinduismus und die griechisch-römische Religion miteinander verwandt sind, und es wurde auf die verschiedenen zwischen ihnen bestehenden Analogien aufmerksam gemacht. Das griechisch-römische Pantheon ist mehr oder weniger bekannt, das der Hindus jedoch kaum. Die folgenden Seiten enthalten zusammenfassende und schematische Abrisse der Hauptgestalten des Hindu-Pantheons unter den Überschriften: „Die vedischen Götter", „Die puranischen Götter" und „Die Inkarnationen (*Avatâras*) Vishnus".

I. Die vedischen Götter

Die alten vedischen Götter sind auf verschiedene Weisen klassifiziert worden:

Die Herrscher
Mitra
Varuna

Die Kämpfer
Indra
Rudra

Die Fruchtbarkeitsgötter
Aditi
Agni

Acht der vedischen Götter sind bekannt als „die Hüter der Acht Himmelsrichtungen“:

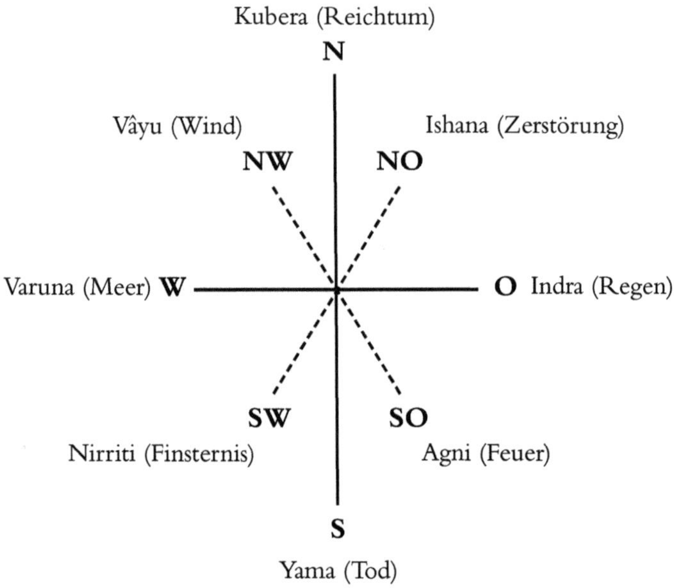

Zu den vedischen Göttern gehören auch:

Aditi (Unendlichkeit, Göttermutter)
Kâma (Liebe)
Sûrya (Sonne)
Chandra (Mond)
Rudra (Sturm)

II. Die puranischen Götter

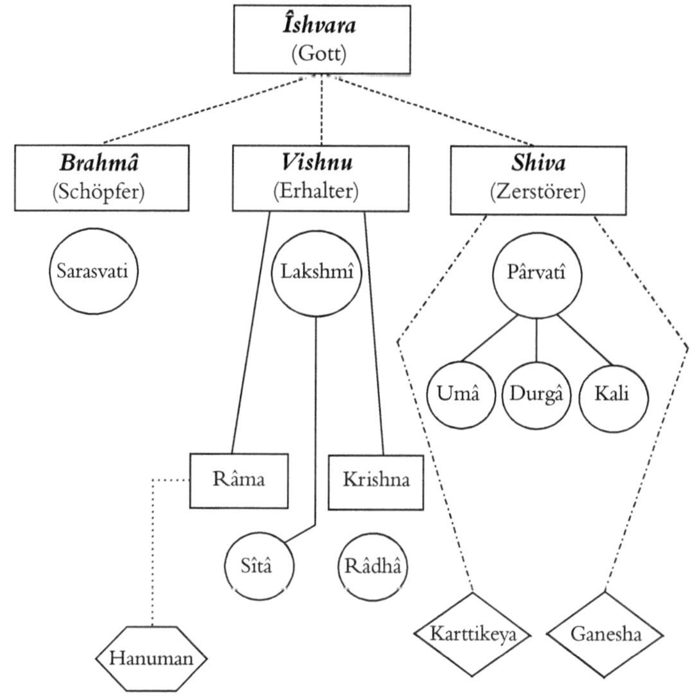

Legende:

Rama und Krishna sind zwei der zehn Inkarnationen (Avataras) Vishnus

Symbol	Bedeutung	Linie	Bedeutung
Rechteck	Götter	-------------------	Hypostasen
Kreis	Gemahlinnen (Shakti)	———————	Inkarnationen oder Offenbarungen
Raute	Söhne	-·-·-·-·-·-·-·-	Söhne
Sechseck	Helfer	···················	Helfer

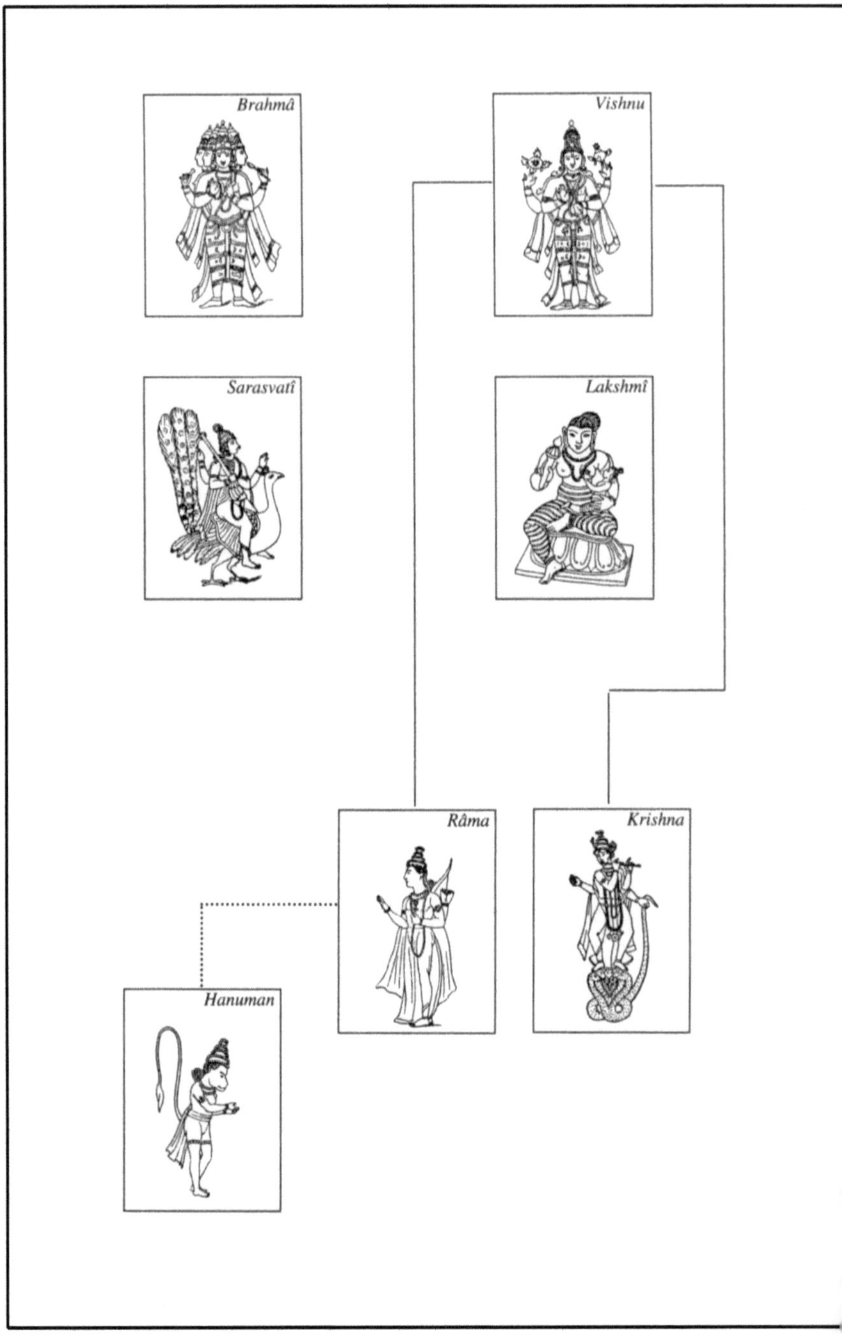
Brahmâ
Vishnu
Sarasvatî
Lakshmî
Râma
Krishna
Hanuman

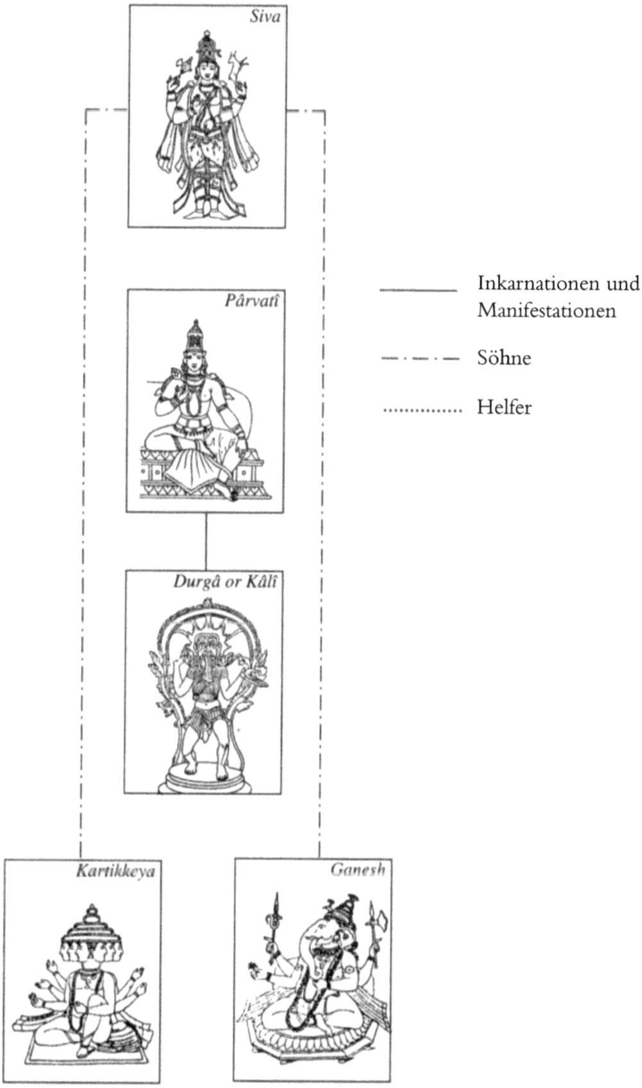

Darstellungen der puranischen Götter

Vidagdha Shâkalya fragte: „Wie viele Götter gibt es,
O Yâjñavalkya?“
Und er antwortete:
„So viele ihrer in der Hymne an die Vishvedevas gezählt werden,
nämlich drei und dreihundert, drei und dreitausend.“
„Ja“, sprach er und fragte wiederum:
„Wie viele Götter gibt es wirklich, O Yâjñavalkya?“
„Dreiunddreißig“, sprach er.
„Ja“, sprach er und fragte wiederum:
„Wie viele Götter gibt es wirklich, O Yâjñavalkya?“
„Sechs“, sprach er.
„Ja“, sprach er und fragte wiederum:
„Wie viele Götter gibt es wirklich, O Yâjñavalkya?“
„Drei“, sprach er.
„Ja“, sprach er und fragte wiederum:
„Wie viele Götter gibt es wirklich, O Yâjñavalkya?“
„Zwei“, sprach er.
„Ja“, sprach er und fragte wiederum:
„Wie viele Götter gibt es wirklich, O Yâjñavalkya?“
„Anderthalb“, sprach er.
„Ja“, sprach er und fragte wiederum:
„Wie viele Götter gibt es wirklich, O Yâjñavalkya?“
„Einen“, sprach er.

Dann fragte Vidagdha Shâkalya:
„Welches sind jene drei und dreihundert, drei und dreitausend?“
Yâjñavalkya antwortete:
„Das sind nur die verschiedenartigen Kräfte.“

Brihadâranyaka Upanishad, III, 9, 1

III. Die Inkarnationen Vishnus

Immer wenn das Gesetz* verfällt,
und Ruchlosigkeit ihr Haupt erhebt,
erscheine Ich auf Erden.

In jedem Zeitalter kehre Ich zurück:
Die Rechtschaffenen zu retten,
die Übeltäter zu vernichten,
das Gesetz zu errichten.

Bhagavad-Gîtâ, IV, 7–8

Im Gegensatz zum Judentum und zum Islam ist der Hinduismus, ebenso wie der Buddhismus und das Christentum, „inkarnationistisch". Dies zeigt sich vor allem in den zehn Inkarnationen (*Avatâras*) Vishnus, die nacheinander auf Erden erschienen sind, um die Menschen zu erlösen. Neun solcher Inkarnationen haben bereits stattgefunden und eine zehnte wird noch erwartet – am Ende der Zeiten.

Die zehn Inkarnationen Vishnus sind auf der übernächsten Seite dargestellt:

* *Dharma* = Gesetz, Norm

1. *Mathsya*	Fisch
2. *Kûrma*	Schildkröte
3. *Varâha*	Eber
4. *Narasimha*	Löwe
5. *Vâmana*	Zwerg
6. *(Parashu) Râma*	(Sohn des Bhrigumuni)
7. *(Kodanda) Râma*	(Sohn des Dasharatha) Held des Râmâyana
8. *Krishna*	Held des Mahâbhârata
9. *Buddha*	der Buddha vom Hindutum aus gesehen
10. *Kalki*	die zukünftige Inkarnation

Der Buddha war nicht nur der Begründer des Buddhismus (der als eine neue und ursprüngliche, aus der Hindu-Welt stammende Offenbarung die Weisheit des Veda dem ganzen östlichen Asien zugänglich machte), sondern er erscheint auch innerhalb des Hindutums als neunte Inkarnation Vishnus.

Der *Kalki-Avatâra* soll am Ende der Zeiten erscheinen. Eine entsprechende apokalyptische Erwartung gibt es auch im Christentum und im Islam in Form der Wiederkunft Christi und im Buddhismus in Form des *Maitreya-Buddha.*

Die zehn Inkarnationen (Avatâras) Vishnus

(1) **Mathsya** (Fish)

(2) **Kûrma** (Tortoise)

(3) **Varâha** (Boar)

(4) **Narasimha** (Lion)

(5) **Vâmana** (Dwarf)

(6) **(Parashu) Râma**

(7) **(Kodanda) Râma**

(8) **Krishna**

(9) **Buddha**

(10) **Kalki**

Vishnu
(südindisch, 10. Jahrhundert,
Metropolitan Museum of Art, New York)

8

Menschwerdung Gottes (Inkarnation) und Bilderverehrung (Ikonodulie)

Im Hinduismus, ebenso wie im Buddhismus und im Christentum, spielt die Lehre von der Fleischwerdung Gottes eine wichtige Rolle. In jeder dieser Religionen ist dieser „Inkarnationismus" von einer belehrenden und sakramentalen Ikonographie begleitet. Judentum und Islam, denen Inkarnationismus fremd ist, sind „ikonoklastisch" („bilderfeindlich") oder „anikonisch", wohingegen Hinduismus, Buddhismus und Christentum „ikonodulisch" („bilderverehrend") sind.

Im Buddhismus gibt es das Bild des Buddha; im Christentum gibt es die Ikonen von Christus, der Jungfrau und den Heiligen; im Hinduismus finden die puranischen Götter und die Inkarnationen von Vishnu oft ihren Ausdruck in Statuen und Gemälden, ebenso wie im heiligen Tanz. Solche Bilder vermitteln eine Lehre und dienen zugleich als Gegenstand göttlicher Verehrung.

Alle Dharmas gib auf und suche bei Mir
allein Zuflucht.
Ich werde dich von allen Sünden befreien.

Bhagavad-Gîtâ, XVIII, 66

9

Das männliche und das weibliche Prinzip

Was man in der göttlichen Wirklichkeit die weibliche Seite nennen könnte, wird im Christentum durch die Jungfrau Maria verkörpert – „voll der Gnade" gemäß dem Gruß des Erzengels Gabriel und „gebenedeit unter den Frauen" gemäß den Worten ihrer Base Elisabeth.

Im Hindutum ist die weibliche Gegenwart besonders ausgeprägt und sie erscheint in Form der „Gemahlinnen" (Shaktis) der verschiedenen Hypostasen oder Kundgebungen Gottes (siehe auch Seite 31 ff.)

In den Upanishaden wird das Höchste, Brahma, als „Das, aus dem das All gewoben ist – als Kette und Schuss" beschrieben. Diese Sinnbildlichkeit des Webens eignet sich besonders gut, um die Rolle der universalen männlichen und weiblichen Prinzipien, Purusha und Prakriti, zu verdeutlichen (siehe Seite 25): Die „Kette" des Alls (und aller Dinge darinnen) ist Purusha, und der „Schuss" ist Prakriti. Wenn zuweilen der Gott Vishnu und seine Gemahlin Lakshmî als Darstellungen der männlichen und weiblichen Prinzipien herangezogen werden, dann ist Vishnu die „Kette" und Lakshmî der „Schuss".

Dieser Symbolik ist der bekannte Weber Aristide Messinesi nachgegangen, als er – erfüllt von Gandhis Begriff des *khadi* („Handspinnen") – einige Zeit in dessen Âshram in Wardha verbrachte. Messinesi beschreibt das Webschiff des waagerechten Handwebstuhls als „dieses elegante und bezaubernde Geschöpf, das kaum Werkzeug genannt werden kann, so sehr kommt es dem Zustand nahe, ein eigenes Leben zu besitzen". Und er fährt fort:

> „Den Schussfaden führend, schießt es bei der Kette herein und heraus, gleich einem Blitz oder einem Pfeil, der seinem Ziel entgegenfliegt; einem Schiffe gleich, fährt es von Küste zu Küste, hinaus und wieder heimwärts; Lakshmî gleich, die Blumen in Vishnus Schoß streut, schmückt und nährt es seinen Herrn."*

* Aus „A Craft as a Fountain of Grace and a Means of Realization" – „Ein Handwerk als Gnadenquelle und Verwirklichungsmittel" – in *Art and Thought*, eine Festschrift zu Ehren von Ananda Coomaraswamy (Luzac, London, 1947); auch in *Sacred Web* (Vancouver, Kanada, Nr. 30, Dezember 2012)

Eine Mutter ist verehrungswürdiger als tausend Väter.

Mânava-Dharma-Shâstra, II, 145

Shiva und Pârvatî

(Bronzestatue, 11. Jahrhundert, Privatbesitz, Basel)

10

Die fünf Stufen der Wirklichkeit

<table>
<tr><td>1.</td><td>Âtmâ:</td><td>die göttliche Wesenheit</td><td></td><td>„Übersein“</td></tr>
<tr><td>2.</td><td>Îshvara:</td><td>der persönliche Gott</td><td></td><td>„Sein“</td></tr>
<tr><td>3.</td><td>Buddhi:</td><td>Geist oder Intellekt</td><td></td><td>SPIRITUS, INTELLECTUS</td></tr>
<tr><td rowspan="2">4.</td><td>Manas</td><td>Verstand</td><td rowspan="2">Seele</td><td rowspan="2">ANIMA</td></tr>
<tr><td>Prâna</td><td>Gefühle</td></tr>
<tr><td>5.</td><td>Sthûla</td><td>Körper, Sinne</td><td></td><td>CORPUS</td></tr>
</table>

Die beiden ersten Stufen gehören zu Gott, die drei letzten zum Menschen. Die beiden letzten Stufen sind formgebunden (förmlich) oder individuell; die mittlere Stufe, *Buddhi* (Geist oder Intellekt), obgleich „erschaffen“, ist überförmlich, überindividuell bzw. universell.

Die mittlere Stufe, Buddhi (Geist oder Intellekt), ist der erschaffene Logos; die zweite Stufe, Îshvara (der persönliche Gott), ist der unerschaffene Logos.

Folgt man der metaphysischen Darstellung Frithjof Schuons (siehe Seite 23f.), so kann man sagen, dass der unerschaffene Logos die Vorgestaltung des Relativen im Absoluten ist, und der erschaffene Logos die Widerspiegelung des Absoluten im Relativen. Mit anderen Worten, Îshvara ist Mâyâ in Âtmâ, und Buddhi ist Âtmâ in Mâyâ.

Es ist der Logos mit seinen beiden „Graden" (oder „Gesichten"), der die Brücke darstellt zwischen dem Erschaffenen und dem Unerschaffenen; dank des Logos ist eine Verbindung zwischen Mensch und Gott möglich.

Ein menschliches Wesen nennt man einen *Jîvâtmâ* („ein Wesen in diesem Leben“; *Jîva* = Leben). Der Vedânta lehrt, wie der Âtmâ, wenn er sich in einem Jîvâtmâ kundgibt, sich in eine Reihe von fünf „Hüllen“ (*Koshas*) einkleidet, die die verschiedenen Kundgebungsebenen darstellen. Diese fünf Hüllen sind unten aufgeführt. Die Zahlen sind denen auf Seite 45 angeglichen.

2.	*Ânanda-Maya-Kosha* = Stufe von *Îshvara*	der persönliche Gott
3.	*Vijnâna-Maya-Kosha* = Stufe von *Buddhi*	SPIRITUS, INTELLECTUS
4a.	*Mano-Maya-Kosha* = Denkvermögen	ANIMA
4b.	*Prâna-Maya-Kosha* = Lebensatem	
5.	*Anna-Maya-Kosha* = Nahrung, physischer Körper	CORPUS

In Ergänzung zu dem Schema auf der vorhergehenden Seite werden noch die drei „Formen“ (*Sharîras*) des Menschen genannt. Sie sind unten aufgeführt. Die Zahlen sind ebenfalls denen auf Seite 45 angeglichen.

3. *Kârana-sharîra*	=	Geist oder Intellekt (überförmlich oder universal)	SPIRITUS, INTELLECTUS
4. *Sukshma-sharîra*	=	Verstand und Gefühl (individuell: feinstoffliche Form)	ANIMA
5. *Sthûla-sharîra*	=	Körper (individuell: grobstoffliche Form)	CORPUS

11

Die Kosmologie der Hindus

Die drei *Gunas* („kosmische Strebungen“)
und die fünf Bhûtas („körperliche Kundgebungen“)

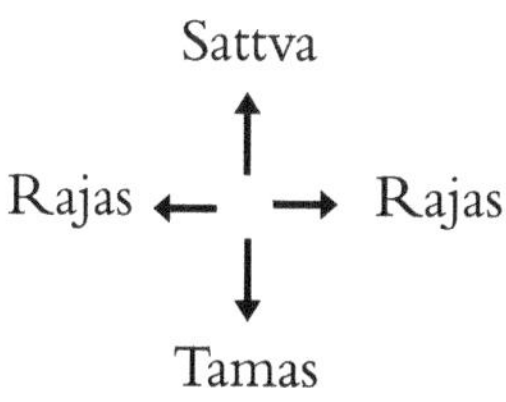

Sattva	=	aufwärtsgerichtete (lichte) Strebung
Rajas	=	waagerechte (ausdehnende oder feurige Strebung)
Tamas	=	abwärtsgerichtete (dunkle oder schwere Strebung)

Die drei Gunas stellen drei „kosmische Strebungen“, „Eigenschaften“, oder „Qualitäten“ dar, ohne die keinerlei Kundgebung möglich wäre. Sie sind auf allen Stufen des Daseins anwendbar. So wäre beispielsweise auf der körperlichen Ebene eine Feder sattvisch, eine Bleikugel tamasisch und ein Waldbrand rajasisch. Auf der Ebene der menschlichen Temperamente wäre ein heiliger Franziskus von Assisi sattvisch, ein Bösewicht tamasisch und ein Mensch mit einer Neigung zu Jähzorn, Leidenschaftlichkeit oder Streitsucht (im guten oder schlechten Sinne) rajasisch. Jedes Lebewesen verkörpert eine unterschiedliche Mischung aus diesen drei Eigenschaften.

In der griechischen Kosmologie sind die vier Elemente, wie sie von Pythagoras und Empedokles beschrieben wurden, „Luft“, „Feuer“, „Wasser“ und „Erde“. Ihr Ursatz (*quinta essentia* oder „Quintessenz“) ist der Äther.

Im Hinduismus besteht, entsprechend der Anschauungsweise (*Darshana*) des Sânkhya („Kosmologie“, siehe auch Seite 83), eine Beziehung zu den im alten Griechenland bekannten „vier Elementen“ und deren „Quintessenz“ in Form der „fünf körperlichen Kundgebungen“ (*Bhûtas*). Diese stellen sich folgendermaßen dar:

Âkâsha	Äther
Vâyu	Luft
Tejas	Feuer
Ap	Wasser
Prithvî	Erde

12

Die vier Kasten

Wie bereits in Kapitel 1 erläutert, hat Religion ihren Ursprung in der Offenbarung; sie wird durch Überlieferung weitergegeben und von der Orthodoxie (der Lehrrichtigkeit) bewahrt. Im Hinduismus ist das hauptsächliche Mittel, durch das die Offenbarung (in ihrem zeitlosen Wesen sowie in ihren zahlreichen äußeren Verzweigungen) weitergegeben und bewahrt wird, eng mit der als „Kastensystem" bekannten gesellschaftlichen Einrichtung verbunden. Es ist eine Ironie, dass gerade diese Einrichtung mehr als irgendetwas anderes im modernen Westen missverstanden und verabscheut wird, und es gibt kaum etwas, das von Soziologen wie von Journalisten heftiger verurteilt wird – bildet doch das Kastensystem, abgesehen von seiner bewahrenden und übermittelnden Aufgabe, das Grundprinzip der gesellschaftlichen Harmonie der Hindus. Kaste und überlieferungstreue Hindu-Gesellschaft sind in Wirklichkeit ein und dasselbe.

Die vier grundlegenden Kasten sind folgende:

Sannyâsins oder *Sâdhus*	Diejenigen, die über den Kasten stehen. (Mönche, Einsiedler)
1. *Brahmanen*	Diejenigen, die die Reinheit von Lehre und Ritus bewahren; die von Natur aus geistiger Beschaffenheit sind. (Priesterkaste)
2. *Kshatriyas*	Könige, Fürsten, Adlige, Helden. Diejenigen, die von Natur aus adliger Beschaffenheit sind. (Königliche oder Krieger-Kaste)
3. *Vaishyas*	Handwerker, Händler, Bauern. Diese drei Berufungen stellen, zusammengenommen, die Festigkeit der Gesellschaft dar. (Mittelstand)
4. *Shûdras*	Ungelernte Arbeiter, Leibeigene. (Arbeiterstand, Proletariat)
Chandâlas oder *Pariahs*	Diejenigen, die unterhalb der Kasten stehen, die Kastenlosen. (die Herausgefallenen, Abgefallenen)

Die ersten drei Kasten werden Dvijas („Zweimalgeborene") genannt, was besagt, dass sie die Fähigkeit haben, ein geistiges Leben zu führen. Sie besitzen Unternehmungsgeist und Entschlusskraft im Gegensatz zu den Ungelernten, deren wesentliche Tugend Gehorsam gegenüber der Führung von oben ist. Die Brahmanen und die Kshatriyas bilden den Adel. Die Brahmanen und die Vaishyas sind von Natur aus friedfertig und (potenziell) beschaulich: Die Kshatriyas und die Shûdras sind von Natur aus tätig und (potenziell) ungestüm. Aus dem Vorausgegangenen lässt sich erkennen, wie die vier Hindu-Kasten den vier Ständen der mittelalterlichen Christenheit entsprechen. Ebenso kannte auch Platon durchaus den Begriff der gesellschaftlichen und aufgabenbezogenen Hierarchie, wie jeder weiß, der die „Republik" gelesen hat.

Über den Kasten stehen die Sannyâsins (diejenigen, die jegliches gesellschaftliche Leben aufgegeben haben, um Einsiedler zu werden) und unter den Kasten die Chandâlas oder Pariahs (die Kastenlosen); im Prinzip sind sie die Früchte unreiner Verbindungen, zum Beispiel zwischen einer edlen Frau aus der Brahmanen-, oder Kshatriya-Kaste und einem Shûdra. Letzteres gilt nur „im Prinzip" und wirkt sich nicht unbedingt individuell auf einen Betroffenen innerhalb der zahllosen Menschen der indischen Gesellschaft aus. In der Tat hat es Heilige unter den Chandâlas gegeben; Gandhi nannte sie „Harijans" (Diener Gottes).

Der Grundsatz des Kastenwesens ist die gesellschaftliche Hierarchie und die sinnvolle Verteilung der Aufgaben im Hinblick auf die Bewahrung und Vermittlung von Reinheit und Vollkommenheit auf allen Ebenen und in allen Bereichen. Die Wahrung der Reinheit von Lehre und Ritus durch die Brahmanen ist ein Beispiel dafür; ein anderes Beispiel ist das Erlangen, Ausüben und Lehren der Meisterschaft in einer besonderen Kunst oder einem Handwerk. Auf der praktischen und menschlichen Ebene fördert das Kastensystem in hohem Maße das gegenseitige Wohlergehen und bietet den Schutz, der für eine Stammes- oder Zunftgemeinschaft kennzeichnend ist.

Was die beiden aristokratischen Kasten anbelangt, so sind es eher die Pflichten als die Vorrechte, die im Vordergrund stehen. *Noblesse oblige.* Die Kshatriyas müssen bereit sein, dem Tod auf dem Schlachtfeld ins Auge zu sehen, ebenso wie die Brahmanen willens sein müssen, den geistigen Tod zu sterben. Für die Vaishyas erleichtert und fördert das Kastensystem (man denkt insbesondere an die vielen beruflichen Unterkasten der Vaishya-Kaste) die Disziplin, Ausbildung und Vermittlung ihres handwerklichen Könnens.

Die vier Kasten entsprechen vier grundlegenden, natürlich vorkommenden Menschentypen, Charakteren oder Temperamenten. Diese Unterscheidung oder Hierarchisierung ist eine naturgegebene Tatsache und kann nicht auf Erziehung zurückgeführt werden; sie beruht auf der Vererbung und nicht auf der Umwelt. Sie wird mittels Vererbung weitergegeben und bewahrt; dadurch erklärt sich auch das Verbot der Kastenvermischung durch Heirat. Dieses Verbot ist gleichzeitig ein Mittel, um persönliche und gesellschaftliche Unvereinbarkeiten zu vermeiden. Es handelt sich dabei nicht so sehr um ein Verbot, sondern vielmehr um einen Hinweis auf etwas, das ohnehin kaum vorkommt. Vom überlieferungstreuen hinduistischen Standpunkt aus gesehen führt eine Heirat zwischen den Kasten zweifellos in persönliches Unglück und gesellschaftliches Chaos.

Die oben gegebenen Beschreibungen der Kasten sind schematisch und „idealisiert". Sie kennzeichnen im Wesentlichen die vier grundlegenden gesellschaftlichen Schichten, lassen sich natürlich nicht auf jeden Einzelnen innerhalb der verschiedenen heute bestehenden Hindu-Kasten anwenden.

Obwohl es offensichtlich ist, dass diese vierfache Einteilung eine soziale Erscheinung in allen Gesellschaften ist, verabscheut die Mehrheit der Menschen in der westlichen Welt das sogenannte hinduistische Kastensystem. Warum ist dies so? Weil das indische Kastensystem einzig als Tyrannei der höheren Schichten über die unteren gesehen wird. Diese Sichtweise mag teilweise gerechtfertigt sein (wir werden gleich darauf eingehen), dennoch basiert sie meist auf einem eingeschränkten Blick auf ein untypisches, aber dennoch reales Phänomen, die Verzerrung und das Missverhältnis, das durch das immense zahlenmäßige Wachstum der kastenlosen *Chandâlas* in den letzten Jahrhunderten entstanden ist.

Die traurige Wahrheit ist, dass viele der „Kasten-Hindus" (Brahmanen, Kshatriyas, Vaishyas, und auch die Shûdras) die kastenlosen Massen verachten, denn, um ein vollwertiges Mitglied der Hindu-Gesellschaft zu sein, muss man einer Kaste angehören. (Die über den Kasten stehenden Hindus, die *Sannyâsins* dagegen, werden bewundert.)

Die unermesslich große Anzahl der Kastenlosen bedeutet, dass auch sie zu einer eigenen sozialen Schicht mit allen möglichen Differenzierungen geworden sind – die höheren menschlichen Entwicklungsstufen mit einbezogen. Die meisten von ihnen sind fromm, manche waren sogar Heilige – so der bekannte Tiruvalluvar, der vermutlich in den ersten christlichen Jahrhunderten im indischen Bundesstaat Tamilnadu lebte. Tiruvalluvar wurde der Eintritt in die Tempel verwehrt, und dennoch erreichte er einen hohen Grad an geistiger Verwirklichung, indem er aus der Distanz einen Tempelturm kontemplativ betrachtete. Tiruvalluvar wird von allen Schichten der indischen Gesellschaft verehrt – Brahmanen eingeschlossen.

Seit Jahrzehnten kümmert sich die indische Regierung um das Wohlergehen der Kastenlosen und hat ihnen dadurch den Zugang zu Bildung und Beschäftigung ermöglicht. Viele von ihnen sind Gewerbetreibende, Ärzte, Anwälte und sogar Regierungsmitglieder.

Heute wird Gandhis Namen mit dem Los der Kastenlosen verbunden. Tatsächlich bewirkte Gandhi für sie Wunder. Er trug viel dazu bei, ihr Selbstwertgefühl wieder herzustellen und nannte sie dementsprechend *Harijans*, „Diener Gottes".

Westliche Menschen sollten wissen, dass Gandhi, der selbst ein Vaishya war, klar zum Kastensystem stand, war er sich doch dessen Prinzipien, seiner Werte im sozialen Bereich und seiner Sinnhaftigkeit bewusst. Es war Ungerechtigkeit, gegen die Gandhi war.

Seit Jahrzehnten ist in Indien die eheliche Verbindung von Menschen unterschiedlicher Kasten rechtlich zulässig. Doch die Mehrheit der Inder (wie auch der Menschen im Westen!) zieht es vor, innerhalb ihrer Kaste zu heiraten. Im Unterschied zum Westen sind in Indien die Kasten definiert und haben Namen, wohingegen im Westen der „Snobismus" einerseits oder der „gesunde Menschenverstand" andererseits für selbstverständlich gehalten werden.

Der Verlust oder die Vermischung der Kasten oder Stände im Westen durch Industrialisierung und Demokratie hat zur Entstehung eines seiner natürlichen Grundlagen beraubten und unglücklichen „Proletariats“ geführt, wie auch zum Schwinden oder gar zum Verschwinden handwerklichen Könnens, zu Mangel an Arbeit, zu lediglich auf Reichtum gründenden Klassenunterschieden (die Mehrheit der Brahmanen ist übrigens arm) und so fort. Vor allem aber ist das Kampfgetümmel oder der freie Wettbewerb in der kastenlosen (oder nicht organischen) Gesellschaft ein Albtraum für die Schwachen.

An dieser Stelle möchten wir einen die Brahmanen betreffenden Augenzeugenbericht eines französischen Reisenden und Missionars anführen:

> „Wir glauben nicht, dass es irgendwo auf der Welt eine aristokratische oder gar königliche Familie gibt, die sich so erbarmungslos gegen jegliche Verunreinigung, jegliche nicht standesgemäße Verbindung und jegliche körperliche und sittliche Verderbnis verteidigt hätte. Deshalb können wir aus unserer persönlichen Sicht heraus die Tatsache nicht verbergen, dass unsere Berührung mit dieser großartigen Kaste unsere Bewunderung und unsere tief empfundene Zuneigung erregt hat ... Der Brahmane vereinigt in sich die Ausstrahlung körperlicher Schönheit mit Klugheit. Er besitzt eine besondere Begabung für die abstrakten Wissenschaften, die Philosophie und vor allem die Mathematik. Eine der auf diesem Gebiet sicher bekanntesten Persönlichkeiten Südindiens und Mitglied des Professorenkollegiums der Universität von Madras. Pater Honoré, erklärte uns, dass das Durchschnittsniveau der zahllosen brahmanischen Studenten, die er während eines

halben Jahrhunderts als Lehrer unterrichtet habe, nicht nur weit über dem Durchschnitt, sondern auch über dem Niveau der höchsten Kategorie von Studenten europäischer Universitäten gelegen habe."

Pierre Lhande, *L'Inde Sacré*

... die gleiche Göttliche Weisheit, die die Verschiedenheit der Dinge im Hinblick auf die Vollkommenheit des Ganzen bewirkt, ist auch die Ursache für die Ungleichheit. Die Welt wäre nicht vollkommen, gäbe es nur eine Ebene des Guten.

Sankt Thomas von Aquino, Summa Theologica

Einige Sanskrit-Begriffe, die mit den Kasten zusammenhängen:

Dharma	Gesetz, Norm, Berufung
Rita	kosmische Ordnung (das Wort „Ritus“ leitet sich von *Rita* ab)
Jâti (Abstammung, Geburt) *Varna* (qualitative Natur)	Kaste
Hamsa	der uranfängliche Mensch vor der Aufspaltung der Menschheit in Kasten
Ativarnâshrama	der Seinszustand über den Kasten
Sannyâsin	einer, der außerhalb, aber über den Kasten steht (Pilger, Einsiedler, Mönch)
Chandâla *Pariah*	einer, der außerhalb, aber unter den Kasten steht (Ausgestoßener, Unberührbarer)

Der Universale Mensch (Purusha)

Der Brahmane war sein Mund;	(Brâhmana)
aus seinen Armen wurde der Herrscher gemacht;	(Râjanya)
seine Schenkel waren die Arbeitsamen;	(Vaishya)
aus seinen Füßen wurde der Diener geboren.	(Shûdra)

Purusha-Sûkta, *Rig-Veda*, X, 90

Die Bedürfnisse und Sehnsüchte des Menschen sind in den vier Purushârthas ausgedrückt:

Artha	Lebensunterhalt
Kâma	Gefühl, Liebe
Dharma	Gesetz, Norm, Berufung
Moksha	Erlösung, Befreiung

Es wird gesagt:

Dharma hält Artha und Kâma im Gleichgewicht;
Dharma ohne Artha und Kâma führt in den Himmel (Moksha);
Artha und Kâma ohne Dharma führen in die Hölle.

13

Die drei geistigen Wege (*Mârgas*)

Mârga bedeutet geistiger Weg oder Pfad. Im Christentum spricht man vom „Weg der Martha“ und vom „Weg der Maria“, wobei man an die beiden Schwestern denkt, die Jesus zu Gast hatten. Der erstere Weg ist der „Weg der Tat“ und der letztere der „Weg der Beschaulichkeit“. Obwohl es im Christentum nur selten deutlich zum Ausdruck kommt, erscheint der letztere „Weg“ in zwei Formen, als „Weg der Liebe“ und als „Weg der Erkenntnis“. Somit ergeben sich drei unterschiedliche geistige Wege, entsprechend der drei grundlegenden geistigen Temperamente, dem Willenshaften, dem Gefühlsbetonten und dem Erkenntnishaften.

Metaphysisch gesehen liegt der Unterschied zwischen dem „Liebesweg“ und dem „Erkenntnisweg“ in Folgendem: Auf dem „Weg der Liebe“ wird Gott auf der Ebene des „Seins“ betrachtet, was zur Folge hat, dass Gott und Anbetender voneinander getrennt bleiben, wie erhaben der „Rang“ des Mystikers auch immer sein mag. Auf dem „Weg der Erkenntnis“ jedoch, wird Gott auf der Ebene des „Überseins“ oder der „Göttlichen Wesenheit“ betrachtet. Auf dieser Ebene wird davon ausgegangen, dass Gott und Anbetender einer gemeinsamen Wesenheit teilhaftig sind, was die Möglichkeit der letzten Einung in Gott eröffnet.

Das berühmte Wort der Einung *Tat tvam asi* („Das bist du“) findet sich in den Upanishaden. Es ist die Grundlage des Erkenntnisweges (*Jñâna-mârga*) und bedeutet, dass des Menschen allertiefste Wirklichkeit eins ist mit dem Allerhöchsten

Prinzip oder der Göttlichen Wesenheit. Worte wie diese könnten den Verdacht erwecken, es handle sich um Pantheismus, was aber völlig ungerechtfertigt wäre (siehe auch Seite 97). Die metaphysische Lehre („immanentistischer" Natur), dass Gott und Anbetender eine gemeinsame Wesenheit besitzen, findet ihr Gegenstück im theologischen Dogma („transzendentalistischer" Natur), dass Gott der Schöpfer des Menschen und sein letzter Richter ist. In diesem Bereich sind alle großen Weltreligionen durch die volle Anerkennung der Transzendenz wie auch der Immanenz Gottes vor Häresie geschützt. Transzendentalismus ohne Immanentismus führt zu einer Art von „Deismus"; Immanentismus ohne Transzendentalismus führt zu subjektivistischer Selbsttäuschung.

Im Hinduismus werden die drei geistigen Wege die drei *Mârgas* genannt. Diese sind: Karma-mârga („der Weg der Werke"), Bhakti-mârga („der Weg der Hingabe") und Jñâna-mârga („der Weg der Erkenntnis" oder die „Gnosis"). Wer dem Pfad der Bhakti folgt, wird *Bhakta* (Ergebener) genannt, wer dem Pfad des Jñâna folgt, wird *Jñâni* (Erkennender oder Gnostiker) genannt. Die drei Mârgas entsprechen im Wesentlichen den drei grundlegenden Stufen oder Standorten des Sufitums: *Makhâfa* („Gottesfurcht"), *Mahabba* („Gottesliebe") und *Ma'rifa* („Gotteserkenntnis").

Auf diesem Gebiet ist es wichtig, sich in Erinnerung zu rufen, dass „das Höhere das Niedrigere enthält": Beide Wege, der Weg der Liebe und der Weg der Erkenntnis enthalten notwendigerweise ein Element von Gottesfurcht, und gleichermaßen ist im Weg der Erkenntnis notwendigerweise die Gottesliebe mit inbegriffen. Was den Liebesweg betrifft, der aus Glaube und Hingabe besteht, so enthält er ein mittelbares

Element von Jñâna in Form der dogmatischen und spekulativen Theologie. Dieses Element gehört der erkenntnishaften Spekulation als solcher an und nicht ihrem Gegenstand, der zwangsläufig begrenzt ist (wie wir das auf der vorhergehenden Seite erklärt haben). Wäre dem nicht so, würde es sich nicht um Bhakti handeln.

Auf die Frage, welchem Pfad ein bestimmter Anwärter folgen soll, könnte man antworten, dass dies in überwiegendem Maße eine Frage des Temperaments und der Berufung ist: Der Weg wählt den Menschen, nicht der Mensch den Weg.

Das geistige Temperament des Jñâni ist dergestalt, dass dieser, wenn er einem Problem gegenübersteht, einfach verlangt, es gemäß dem Wesen der Dinge zu lösen. Das geistige Temperament des Bhakta hingegen ist dergestalt, dass dieser, wenn er einem Problem gegenübersteht, erwartet, man würde ihm zusätzliches Gebet, Fasten, Buße usw. auferlegen. Mystische Verzückung ist eher ein Wesenszug des Bhakta; Nüchternheit des Denkens, geistige Erkenntnis und Seelenfriede sind eher Wesenszüge des Jñâni.

Es ist bemerkenswert, dass die christliche Mystik historisch gesehen ihr Gepräge besonders vom „Weg der Liebe" erhalten hat, während die hinduistische (ebenso wie die islamische) Mystik sowohl den „Liebesweg" als auch den „Erkenntnisweg" enthält. Diejenigen, die im Christentum, sozusagen als Ausnahme, den „Weg der Erkenntnis" kundgetan haben, sind solch bedeutsame Erscheinungen wie Dionysius Areopagita, Meister Eckhart und Angelus Silesius. Gerade die Schriften solcher „Gnostiker" oder Jñâni haben in dem normalerweise die Hingebung betonenden oder „bhaktischen" Klima des Christentums immer wieder für Aufregung gesorgt.

Da man die drei grundlegenden geistigen Temperamente überall in der Menschheit vorfindet, sind auch die entsprechenden geistigen Wege, in der einen oder anderen Form, in jeder Religion vorhanden.

Auf unten stehender Tabelle ist dargestellt, wie die drei grundlegenden geistigen Wege in den verschiedenen Religionen in Erscheinung treten:

Christentum

„der Weg der Martha“		„der Weg der Tat“
„der Weg der Maria“	Andacht	„der Weg der Liebe“
	Weisheit	„der Weg der Erkenntnis“

Hinduismus	**Islam**
Karma-mârga („der Weg der Werke“)	*Makhâfa* („Gottesfurcht“)
Bhakti-mârga („der Weg der Hingabe“)	*Mahabba* („Gottesliebe“)
Jñâna-mârga („der Weg der Erkenntnis“)	*Ma'rifa* („Gotteserkenntnis“)

Wahrlich gibt es kein Läuterungsmittel so mächtig wie die Erkenntnis.

Bhagavad-Gîtâ, IV, 38

14

Yoga

Im ersten Kapitel wurde erläutert, dass eine Religion Dogma und Sakrament, Theorie und Praxis, Lehre und Methode enthält. Bisher haben wir hauptsächlich über das erste jener beiden Elemente, die Theorie (oder die Lehre), gesprochen. Wir möchten nun unsere Aufmerksamkeit dem zweitgenannten Element, der geistigen Methode (oder Praxis) zuwenden.

Ebenso wie die Lehre hat auch die geistige Methode (Sakrament, Gnadenmittel) ihren Ursprung in der Offenbarung. Die Initiative des Menschen kann nicht darin bestehen, eine Lehre zu erfinden oder eine Methode zu improvisieren, ihre Aufgabe liegt vielmehr darin, sich um ein Verständnis der Lehre zu bemühen und sich anzustrengen, sie wirksam werden zu lassen, das heißt, sie sich mit Hilfe der entsprechenden „geistigen Methode" zu eigen zu machen. René Guénon hat diesen Vorgang, „geistige Verwirklichung" (*réalisation*) genannt.

Im Christentum besteht die praktische oder ausübende Seite der Religion darin, zur Kirche zu gehen, am gemeinsamen Gebet teilzunehmen und die Sakramente zu empfangen. Dies kann durch das persönliche tägliche Gebet ergänzt werden. Herkömmlicherweise ist die geistige Methode im Christentum das „Beten und Fasten"; diese zweifache Vorschrift findet sich in der Tat in jeder Religion.

Im Hinduismus kann alles, was zur ausübenden oder „verwirklichungsmäßigen" Seite der Religion gehört, unter dem

Oberbegriff des *Yoga* zusammengefasst werden. Yoga besitzt die gleiche Wurzel wie das lateinische *jugum* und das deutsche „Joch" und bedeutet in Sanskrit „Einung": Das Ziel des Yoga ist die Einung mit dem Göttlichen – auf welcher Stufe und in welcher Weise auch immer. Die Etymologie des Begriffes lässt unwillkürlich an das Christuswort denken: „Mein Joch ist sanft und meine Last ist leicht (*jugum meum suave est, et onus meum leve*)."

Jemand, der Yoga übt, wird *Yogî* genannt.

Es gibt verschiedene Formen des Yoga, die, einem Hinweis Frithjof Schuons folgend, in der Weise angeordnet werden können, wie wir es auf Seite 64f. dargestellt haben.

Südindischer Tempel
(Der Minakshi-Tempel in Madurai)

Umâ bei der Anbetung Shivas
(Kangra, 18. Jahrhundert
Prince of Wales Museum, Bombay)

Zweige des Yoga

Yoga

Hatha-Yoga
Seelisch-körperliche Vorbereitung für den geistigen Weg, z. B. Askese, Atemtechnik, hieratische Stellungen

Raja-Yoga
Die Kunst geistiger Sammlung; Meditation; Kontemplation

Laya-Yoga (Tantra)
Eine fortgeschrittene Art des Hatha-Yoga, die auf der bejahenden Sinnbildlichkeit der erschaffenen Welt beruht; Einung mit den himmlischen Urbildern (Archetypen) der erschaffenen Dinge; Tantra wird auch „der fünfte Veda" oder „der Veda des gegenwärtigen Zeitalters", des Kali-Yuga, genannt.

Mantra-Yoga (Japa-Yoga)
Die Wiederholung eines offenbarten Namens oder einer Formel (*Mantra*) als Träger des „Gottesbewusstseins"; die methodische Anrufung eines Göttlichen Namens, entsprechend dem „Gottesgedenken" (*Dhikr Allâh*) im Sufitum und dem „Jesusgebet" im Hesychasmus.

Man begegnet auch den Ausdrücken Karma-Yoga, Bhakti-Yoga und Jñâna-Yoga, die sich auf Einungswege beziehen, in denen die Betonung entsprechend auf die verdienstvollen Werke, die liebende Hingabe oder die Erkenntnis gelegt wird.

Das Wesen des Japa-Yoga (die methodische Anrufung eines offenbarten Namens Gottes) ist in dem Ausspruch Shrî Râmakrishnas treffend zusammengefasst: „Gott und sein Name sind eins". Es wird ebenso in der Dreiheit *Sat-Chit-Ânanda* verdeutlicht, die nicht nur als „Sein–Bewusstsein–Glückseligkeit" oder „Objekt–Subjekt–Einung" (siehe Seite 28), sondern auch als „Geliebter–Liebender–Liebe" oder „Erkannter–Erkennender–Erkenntnis" übersetzt werden kann, wobei die vorletzte Übersetzung *Bhakti* und die letzte *Jñâna* zugehört. Die „operative" oder „geistige" Anwendung dieser Dreiheit wird noch einleuchtender in der Übersetzung „Angerufener–Anrufender–Anrufung", wodurch klar zum Ausdruck kommt, dass „Gott und Sein Name eins sind". Im Grunde ist es Gott selbst, der anruft, Gott selbst, der angerufen wird, und Gott selbst, der die Anrufung ist. Dass diese göttliche Tat durch den Menschen hindurchgeht, ist das Mysterium und Sakrament der Einung.

Einige Sanskrit-Begriffe, die sich auf die geistige Verwirklichung beziehen:

Moksha	Heil, Erlösung, Befreiung, Erleuchtung
Jîvan-mukta	einer, der in diesem Leben Moksha erlangt.
Videha-mukta	einer, der im Augenblick des Todes Moksha erlangt
Samadhi	mystische Entrückung, Ekstase

15

Die Heiligen Schriften der Hindus*

Der Hinduismus, der *Sanâtana Dharma* („Ewiges Gesetz“ oder „Ursprüngliche Norm“), besteht nach hinduistischer Vorstellung von Ewigkeit her. Seine Schriften (die ältesten von ihnen entstanden ein Jahrtausend vor der Zeitenwende oder noch früher) wurden durch die *Rishis* („Seher“) offenbart, die sie durch „geschaute Eingebung“ (*Drishti*) von Gott empfingen.

In den Heiligen Schriften der Hindus unterscheidet man zwei Ebenen von Eingebung – eine ersten Grades und die andere zweiten Grades – die als *Shruti* und *Smriti* bezeichnet werden. *Shruti* („gehörte Eingebung“) bezieht sich auf Schriften, welche unmittelbare Träger der Offenbarung sind, während *Smriti* („Erinnerung“) sich auf Schriften (in Form von Erläuterungen, Anwendungen und Folgerungen) bezieht, in denen sich Shruti widerspiegelt, und die sich aus Shruti ableiten.

Shruti umfasst die *Veden*, die *Samhitâs*, die *Brahmanen*, die *Âranyakas* und die *Upanishaden*.

Smriti umfasst die *Upaveden* („Zweige der Veden“), die *Vedângas* („Glieder der Veden“), die *Sûtras* („Ratgeber“), die

* Siehe „Introduction to the Hindu Scriptures“ von V. Raghavan in *The Religion of the Hindus*, herausgegeben von Kenneth Morgan (Ronald Press Co, N.Y., 1953), und *Sacred Writings* von Günther Lanczkowski (Collins, London; Harper & Row, New York 1956)

Shâstras („Lehrbücher"), die *Purânas* („alte Erzählungen") und das *Râmâyana* und *Mahâbhârata* (die beiden großen Epen der Hindus). Das *Mahâbhârata* enthält die *Bhagavad-Gîtâ* (den „Gesang des Erhabenen"), die allerdings eine Offenbarung ersten Grades (Shruti) ist und wohl als die bekannteste heilige Schrift der Hindus gelten dürfte.

Die Schriften der großen klassischen Lehrer des Hinduismus – *Patañjali, Shankara, Râmânuja* und *Madhva* – gehören auch zu Smriti.

Die Veden

Die ältesten aller offenbarten Bücher des Hinduismus sind die *Veden*, die aus vier Sammlungen bestehen (*Veda* = „Wissen"). Den vier Veden entsprechen die vier *Upaveden*, die Wissen zweitrangiger Natur oder praktisch anwendbares Wissen enthalten. In folgendem Schema sind die vier Veden und die vier Upaveden in ihren gegenseitigen Entsprechungen dargestellt:

Veden	**Upaveden**
Rig-Veda (Hymnen)	*Âyur-Veda* (Medizin)
Yajur-Veda (Opferformeln)	*Dhanur-Veda* (Kriegswissenschaften)
Sâma-Veda (Gesänge und Melodien)	*Gandharva-Veda* (Musik)
Atharva-Veda (Zaubersprüche)	*Sthâpatya-Veda* (Mechanik und Architektur)

Die Upanishaden

Die *Upanishaden* werden auch als *Vedânta* bezeichnet („Ende des Veda"). Sie enthalten das, was man die metaphysische oder esoterische Lehre der Veden nennen könnte. Die wichtigsten Upanishaden sind *Brihadâranyaka, Taittiriya, Mundaka, Mândûkya, Katha, Chhândogya, Shvetâshvatara* und *Îsha.*

श्रीदक्षिणामूर्तयेनमः

॥ श्रीदक्षिणामूर्तिस्तोत्रम् ॥

मौनव्याख्याप्रकटितपरब्रह्मतत्त्वं युवानं वर्षिष्ठान्तेवसदृषिगणैरावृतं ब्रह्मनिष्ठैः।
आचार्येन्द्रं करकलितचिन्मुद्रमानन्दमूर्तिं स्वात्मारामं मुदितवदनं दक्षिणामूर्तिमीडे ॥१॥

चित्रं वटतरोर्मूले वृद्धाः शिष्या गुरुर्युवा ।
गुरोस्तु मौनं व्याख्यानं शिष्यास्तु छिन्नसंशयाः ॥२॥

ओं नमः प्रणवार्थाय शुद्धज्ञानैकमूर्तये ।
निर्मलाय प्रशान्ताय दक्षिणामूर्तये नमः ॥३॥

निधये सर्वविद्यानां भिषजे भवरोगिणाम् ।
गुरवे सर्वलोकानां दक्षिणामूर्तये नमः ॥४॥

वटविटपसमीपे भूमिभागे निषण्णं सकलमुनिजनानां ज्ञानदातारमारात् ।
त्रिभुवनगुरुमीशं दक्षिणामूर्तिदेवं जननमरणदुःखच्छेददक्षं नमामि ॥५॥

Hymne an Dakshinâmûrti

von Shankârachârya (siehe Seite 99)
Sanskrit-Text in *Devanâgarî*-Schrift
(Kalligraphie von Shrî Keshavram Iengar)

Die Vedângas

Vedânga bedeutet „Glied des Veda". Diese Bezeichnung wird für bestimmte Hilfswissenschaften des Veda verwandt; sie werden mit Körperteilen verglichen, mit denen ein Wesen äußerlich handelt. Die grundlegenden Abhandlungen über diese Wissenschaften bilden einen Teil von Smriti, innerhalb dessen sie den ersten Rang einnehmen aufgrund ihrer unmittelbaren Beziehung zum Veda.*

Es gibt sechs Vedângas:

		Körperteil, dem sie symbolisch zugeordnet sind
Shikshâ	deutliche Aussprache, Euphonie, Sinnbildlichkeit der Buchstaben	Nase (Atem)
Chhandas	Prosodie, Versgesetze	Füße
Vyâkarana	Grammatik	Mund
Nirukta	Etymologie, Exegese	Ohren
Jyotisha	Astronomie und Astrologie	Augen
Kalpa	Die Wissenschaft von den Riten	Hände

* René Guénon, *Introduction générale à l'étude des doctrines hindoues*, Les Editions Véga, Paris 1964

Die Shâstras

Die *Dharma-Shâstras* („Gesetzbücher") umfassen das *Mânava-Dharma-Shâstra* (das „Gesetz des Manu"), das alle das Leben und die Gesellschaft der Hindus betreffenden Gesetze erfasst und ordnet, und das *Bharata-Nâtya-Shâstra* (das dem Weisen Bharata von Shiva offenbart wurde), welches den Kanon für die heiligen Künste der Bildhauerei, des Tanzes, der Musik und des Schauspiels festlegt.

Die Purânas

Die achtzehn *Purânas* sind eine reiche Quelle hinduistischer Lehre und Mythologie. Ein Auszug aus dem *Vishnu-Purâna* findet sich auf Seite 88 ff.

Das Râmâyana und das Mahâbhârata

Siehe Kapitel 16, „Die Hindu-Epen", Seite 79 ff.

Dem gewähre Ich Schutz vor allen Geschöpfen, der zu Mir kommt, und sei es nur ein einzig Mal, und Schutz von Mir erfleht, indem er spricht: „Ich bin Dein“. Dies ist Mein Versprechen.

Râmâyana, VI, 18, 33

16

Die Hindu-Epen

Auf Seite 17 wurden die Ähnlichkeiten zwischen der Religion der Hindus und der der Griechen und Römer erwähnt. Unter anderem wurde darauf hingewiesen, dass in beiden Fällen vieles aus der Mythologie (der natürlichen „Sprache“ der exoterischen Religion) in Form von epischen Gedichten ausgedrückt wird. Bei den Griechen gibt es die beiden epischen Gedichte Homers, die *Ilias*, die die Geschichte des trojanischen Krieges erzählt, und die *Odyssee*, die die Geschichte der Irrfahrten und der Heimkehr des Odysseus oder Ulysses, eines der Helden des trojanischen Krieges, erzählt. Bei den Römern gibt es Vergils großes Epos, die *Aeneis*, die von der abenteuerlichen Reise des Aeneas (einer der Verteidiger Trojas) nach Latium berichtet, wo er kurz nach seiner Ankunft die Stadt Rom gründete.

Diese gewaltigen, von der Vorsehung gewollten Epen voll unerschöpflichen Reichtums sind typisch und von zentraler Bedeutung für die als die „arischen Mythologien“ bekannten Religionen. Sie sind eine auf Eingebung beruhende Quelle der Erkenntnis und Weisheit sowie der geistigen und sittlichen Erziehung. Sie kleiden die religiösen Mythen in dichterische Form und verleihen der halb legendenhaften Geschichte der betreffenden Völker einen kosmischen Bezug. Diese Heiligung der Geschichte ermöglicht es ihr, zu einem wesentlichen und sogar zentralen Element der entsprechenden religiösen Form zu werden.

Das Christentum hingegen erhält seine Form und seine Prägung von Christus und dem Evangelium. Nichtsdestoweniger gibt es auch hier ein episches Gedicht, das zumindest in mancher Hinsicht den Epen Griechenlands und Roms vergleichbar ist, die *Göttliche Komödie* von Dante; und wegen der vergleichbaren Erhabenheit dieses Epos – einer auf Eingebung beruhenden dichterischen Gestaltung der christlichen Lehre – konnte sich Dante auch als Nachfolger von Homer und Vergil betrachten.

Die beiden großen, in Sanskrit geschriebenen epischen Gedichte des Hindutums sind das *Râmâyana* und das *Mahâbhârata*; das *Râmâyana* wird dem Weisen Vâlmîki zugeschrieben, das Mahâbhârata dem Weisen *Krishna Dvaipâyana Vyâsa.* Im Râmâyana wird die Geschichte von Râma, dessen Shakti bzw. Gemahlin Sîtâ ist, erzählt. Die Geschichte von Krishna und der Schlacht von Kurukshetra findet sich im Mahâbhârata. Die Geschichte Krishnas und seiner geliebten Gemahlin Râdhâ wird in der Gita Govinda vom Orissa-Dichter Jayadeva erzählt.

Wie bereits erwähnt, gehören die beiden großen Epen des Hindutums zur Offenbarung zweiten Grades, zu Smriti. Paradoxerweise enthält das Mahâbhârata die Bhagavad-Gîtâ (den „Gesang des Erhabenen“), die eine Offenbarung ersten Grades (Shruti) ist. Die Bhagavad-Gîtâ ist wohl die bekannteste aller Hinduschriften.

Eine Anmerkung Frithjof Schuons zur Bedeutung dieser beiden Epen für den geistigen Weg der Hindus findet sich auf Seite 125.

Râma

(Bronzestatue, 15. Jahrhundert,
Victoria and Albert Museum, London)

Erhebe dich! Erwache! Empfangen hast du deine Gaben, verstehe sie! Schwer ist's, den Weg auf scharfen Messers Schneide zu begehn. So auch der Weg zum Heil, dies lehren euch die Weisen.

Katha Upanishad, I, 3, 14

17

Die sechs Anschauungsweisen (*Darshanas*)

Zum reichen Gut der hinduistischen Lehre gehören die sechs überlieferungsmäßigen Lehrgebäude, die als die sechs *Darshanas* bekannt sind. *Darshana* kommt aus der Wurzel *drish*, was „sehen" heißt.

Die sechs Darshanas werden in der überlieferten Reihenfolge in drei Paaren zusammengefasst:

Nyâya	Logik
Vaisheshika	Naturphilosophie
Sânkhya	Kosmologie
Yoga	Wissenschaft und Kunst der Einung
Mîmânsâ	Besinnung
Vedânta	Metaphysik

Die hinduistische Kosmologie (Sânkhya) wurde auf Seite 49f. erwähnt; Yoga wurde auf Seite 67ff. behandelt und Metaphysik (Vedânta) auf Seite 23ff. und 45ff.

Der Begriff *Darshana* („Darshan" in Hindi) wird auch im Sinne des Segens benutzt, den man durch das andächtige Betrachten oder Kontemplieren eines Heiligen erhalten kann (siehe auch Seite 105).

Fürwahr, nicht um der Wesen Liebe sind die Wesen teuer, sondern um der Liebe Gottes sind die Wesen teuer.

Brihadâranyaka Upanishad, II, 4, 5

18

Vishnuismus und Shivaismus

In der Metaphysik wie auch in der Mystik begegnet man den Begriffen „Persönlicher“ Gott und „Unpersönlicher“ (oder „Überpersönlicher“) Gott. Auf diese grundlegende metaphysische Unterscheidung wurde schon auf Seite 23 hingewiesen, wo aufgezeigt wurde, dass der „Persönliche“ Gott dem Sein entspricht und der „Unpersönliche“ oder „Überpersönliche“ Gott dem Über-Sein oder der Göttlichen Wesenheit entspricht.

Gleichermaßen haben wir auf Seite 61 den „Weg der Liebe“ und den „Weg der Erkenntnis“ im Hinblick auf die verschiedenen Weisen, Gott zu betrachten, beschrieben. Auf dem „Weg der Liebe“ wird Gott auf der Ebene des Seins betrachtet, was zur Folge hat, dass Gott und Anbetender immer voneinander getrennt bleiben; auf dem „Weg der Erkenntnis“ hingegen wird Gott auf der Ebene des „Über-Seins“ oder der „Göttlichen Wesenheit“ betrachtet, und hier wird erkannt, dass Gott und Anbetender einer gemeinsamen Wesenheit teilhaftig sind, was die Möglichkeit der letzten Einung in Gott eröffnet. Der „Weg der Liebe“ ist als „bhaktischer“ Weg auf den Persönlichen Gott hin ausgerichtet, wohingegen der „Weg der Erkenntnis“ als „jñânischer“ Weg den Überpersönlichen Gott oder die Göttliche Wesenheit im Auge hat.

Diese beiden Möglichkeiten, die Letzte Wirklichkeit zu betrachten, finden im Hinduismus ihren Ausdruck in den zwei Betrachtungsweisen Gottes, die als *Vishnuismus* und *Shivaismus* bekannt sind. Es ist offenkundig, dass diese beiden Betrachtungsweisen ihren Namen von der zweiten und dritten Person der Trimûrti (Seite 27) ableiten, nämlich von Vishnu (dem Erhalter) und Shiva (dem Zerstörer oder Verwandler). Vereinfachend könnte man auch sagen, dass die Anhänger des Vishnuismus (*Vaishnavas*) Îshvara, den Persönlichen Gott anbeten und einem bhaktischen Weg folgen, während die Anhänger des Shivaismus (*Shaivas*) auf Brahman, die Göttliche Wesenheit ausgerichtet sind und einem jñânischen Weg folgen.

Shrî Shankarâchârya, der bedeutende Vertreter des Jñâna-marga (des Erkenntnisweges), der im 9. Jahrhundert lebte, war ein Shaiva, während Shrî Râmânuja, der bedeutende Vertreter des Bhakti-marga (des Liebesweges), der im 11. Jahrhundert lebte, ein Vaishnava war.

Rein äußerlich betrachtet können offenbar Formulierungen aus bhaktischer Sicht der tieferen jñânischen Sehweise widersprechen. Im Wesentlichen besteht jedoch kein Widerspruch, aus dem einfachen Grund, weil die beiden Gesichtspunkte auf verschiedenen Ebenen liegen. Hier wie in anderen Fällen kann man sagen, dass „das Höhere das Niedrigere enthält“. Bhakti (Andacht oder Liebe) ist in einer angemessenen Weise in Jñâna (Erkenntnis) enthalten.

Es gibt kein Recht über demjenigen der Wahrheit.

Wahlspruch der Maharadschas von Benares

19

Die vier Zeitalter (*Yugas*)

Der Hinduismus verfügt über eine umfassende Theorie der kosmischen Zyklen. Die einfachste Art diese darzustellen ist dem *Mânava-Dharma-Shâstra* entnommen und lässt sich in folgender Weise ausdrücken:

4 Yugas	=	1 Mahâyuga
71 Mahâyugas	=	1 Manvantara
14 Manvantaras	=	1 Kalpa („ein Tag Brahmâs")
720 (360 x 2) Kalpas	=	1 Para („ein Jahr Brahmâs")
994 („1000") Mahâyugas	=	1 Kalpa

Jedes Mahâyuga („Äon"), das unsere mit eingeschlossen, setzt sich aus vier Yugas („Zeitaltern") zusammen. Diese sind folgende:

Relative Dauer in folgendem Verhältnis:

1. Krita-Yuga (Satya-yuga)	Goldenes Zeitalter	4
2. Treta-Yuga	Silbernes Zeitalter	3
3. Dvapara-Yuga	Ehernes Zeitalter	2
4. Kali-Yuga („Dunkles Zeitalter")	Eisernes Zeitalter	1
		10

Die hinduistische Lehre der vier Yugas (Satya, Tretya, Dwapara, Kali) entspricht der griechisch-römischen Lehre der vier Zeitalter, wie sie von Hesiod und Ovid erwähnt wurden. Dies sind das Goldene, Silberne, Bronzene und Eiserne Zeitalter. Wie oben bereits erwähnt, nennen die Hindus das Eiserne Zeitalter das „Kali-Yuga".

Gemäß der hinduistischen Chronologie des gegenwärtigen Mahâyugas oder Äons sind wir bereits in den letzten Abschnitt des Kali-Yuga oder „Dunklen Zeitalters" eingetreten. Das Vishnu-Purâna, welches etwa im 3. Jahrhundert aufgezeichnet wurde, enthält eine prophetische Beschreibung der Verhältnisse, die diesen letzten Teil des Dunklen Zeitalters kennzeichnen:

> „Reichtum und Frömmigkeit werden von Tag zu Tag abnehmen, bis die Welt völlig verdorben ist. In jenen Tagen wird es der Besitz sein, der Rang und Ansehen verleiht, Leidenschaft wird der einzige Grund für geschlechtliche Vereinigung sein, Lügen wird im Geschäftsleben die einzige Methode sein, welche Erfolg bringt, und Frauen werden nur noch Objekte sinnlicher Befriedigung sein. Der Wert der Erde wird nur noch an ihren Bodenschätzen gemessen werden, Betrug wird das allgemeinübliche Mittel sein, den Lebensunterhalt zu bestreiten, eine einfache Waschung wird als ausreichend für die rituelle Reinigung angesehen werden ...
>
> Die Kasten, die Gesetze und die Vorschriften werden im Dunklen Zeitalter nicht mehr beachtet, und die von den Veden vorgeschriebenen Zeremonien werden vernachlässigt werden. Frauen werden nur noch ihren Launen gehorchen und von Vergnügungen verblendet sein ... Menschen aller Schichten werden sich vermessenerweise

den Brahmanen als ebenbürtig ansehen* ... Die Vaishyas werden Ackerbau und Handel aufgeben und sich in Knechtschaft oder in Ausübung geistloser Berufe verdingen ... Wenn der Pfad des Veda einmal verlassen worden ist, und der Mensch von der Rechtgläubigkeit abgeirrt ist, wird Schlechtigkeit vorherrschen und als Folge davon wird sich die Länge des Menschenlebens verkürzen ... Dann werden die Menschen aufhören, Vishnu, den Herrn des Opfers, den Schöpfer und Herrn aller Dinge, zu verehren, und sie werden sagen: ‚Worin besteht die Glaubwürdigkeit des Veda? Wer sind die Götter, wer die Brahmanen? Was ist der Sinn der Reinigung mit Wasser? ...'

Die herrschende Kaste wird die der Shûdras sein ... Menschen, ihres Verstandes beraubt und für jegliche Schwäche des Körpers und Geistes anfällig, werden täglich Sünden begehen: Alles, was unrein, verderbt und dazu bestimmt ist, die menschliche Rasse zu plagen, wird im Dunklen Zeitalter zum Vorschein kommen."

---

* Zur Erklärung der Hindu-Kasten siehe Kapitel 12, Seite 51 ff.

Wer Ihn kennt, kennt sich selbst und fürchtet nicht den Tod.

Atharva Veda, X, 8,44

20

Die vier Lebensabschnitte (*Âshramas*)

Der Hinduismus betrachtet das irdische Dasein des Menschen im Idealfall als eine Abfolge von vier Lebensabschnitten oder *Âshramas* („Zeiten geistigen Strebens“). Diese sind folgende:

1. *Brahmacharya* = Jugend, Ehelosigkeit, Studium der heiligen Wissenschaften und der eigenen Berufung
2. *Gârhasthya* = Ehestand oder Besitzer eines Haushaltes
3. *Vanprastha* = bedingtes Entsagen der Welt und der Gesellschaft
4. *Sannyâsa* = völliges Entsagen

Das Wort *Âshrama* (oder *Âshram*) hat auch die Bedeutung von „Ort geistigen Strebens“, und die Einsiedeleien oder die Orte der Zurückgezogenheit frommer Menschen werden allgemein als Âshrams bezeichnet.

Gott, der Schöpfer aller Dinge, wohnt im Herzen der Menschen. Im Herzen, im Sinn und im Geist wird Er erkannt. Die Ihn kennen, überwinden den Tod.

Shvetâshvatara Upanishad, IV, 17

21

Seelenwanderung (*Transmigration*)

Wie wir bereits gesehen haben, gibt es im Hinduismus eine umfassende Theorie der kosmischen Zyklen. Damit verbunden ist die Lehre von der Seelenwanderung – oder der vielfachen Geburten und Wiedergeburten –, welche zwar häufig, aber dennoch fälschlich als „Reinkarnation" bezeichnet wird.

Im modernen Westen wurde das Wort „Reinkarnation" von vielen Pseudoesoterikern übernommen, die in unvorstellbar grober Weise bekunden, wörtlich daran zu glauben, indem sie sich darunter eine Folge von Wiedergeburten als Mensch in dieser Welt vorstellen. Es ist wahr, dass man eine wörtlich genommene Einstellung zur Seelenwanderung auch bei der breiten Masse der Hindus finden kann, und es ist in der Tat so, dass dieser Glaube von einer wörtlichen Auslegung der Hinduschriften herrührt. Der einfachste Hindu-Bauer hingegen hat, selbst wenn er die Seelenwanderung wörtlich nimmt, ein unendlich feinsinnigeres Verständnis für die moralischen und geistigen Folgerungen aus dieser Lehre als die absonderlichen Pseudoesoteriker des Westens. In Indien ist eine wörtlich genommene Einstellung zur Transmigration nicht nur harmlos, sie kann sogar von Vorteil sein. Der grobe „Reinkarnationismus" vom Christentum abgefallener Pseudoesoteriker ist jedoch ungemein schädlich und zersetzend.

Für einen Hindu bedeutet der wörtlich genommene Glaube an die Seelenwanderung das gleiche wie für einen Christen der Glaube an die Hölle als einen glühend heißen Ort der

Qual. Dies mag im strengen Sinne nicht wahr sein, und doch ist es auch nicht falsch, da das Bild für die in Betracht gezogene Wahrheit zureichend ist und daher auf zahllose Generationen einen heilsamen sittlichen und geistigen Einfluss ausgeübt hat.

Wir wollen damit sagen, dass Elemente, die aus einer bestimmten religiösen Bilderwelt herausgegriffen werden (obwohl sie an sich „Bilder der Wahrheit" sind), nicht immer in eine andere Bilderwelt verpflanzt werden können; vor allem können sie nicht ohne schwerwiegende Auswirkungen aus einer überlieferungstreuen in die chaotische moderne Welt übertragen werden, eine Welt, in der es kaum mehr religiöse Unterweisung und kaum mehr religiöse Empfänglichkeit gibt.

Die hinduistische Lehre von der Transmigration bezieht sich auf die dem Tode folgende Wanderung der nicht geheiligten Seele durch eine unbestimmte Folge von „peripheren" oder „zentralen" (aber nicht-irdischen) Zuständen*. Nach hinduistischer Auffassung ist der „zentrale" Zustand – das heißt der dem menschlichen Zustand auf der irdischen Welt entsprechende – „schwer zu erlangen", und deshalb darf der Mensch die kostbare Gelegenheit nicht vergeuden, ihn zu dem Zweck zu nutzen, für den er bestimmt ist. Diesen Zweck beschreiben die Hindus in anschaulicher Form, wenn sie sagen, es sei das Dharma des Wassers zu fließen, des Feuers zu brennen, der Fische zu schwimmen, der Vögel zu fliegen, und des Menschen, das Heil zu erlangen.**

---

* René Guénon hat oft betont, dass „kein Wesen, welcher Gattung auch immer, denselben Zustand zweimal durchlaufen kann.

** Dharma = „inneres Gesetz" oder „Berufung"

In mancher Beziehung könnte man die Seelenwanderung als die mythologische Entsprechung der theologischen Lehre vom Fegefeuer betrachten, jedoch mit dem wichtigen Unterschied, dass eine Seele im Fegefeuer ihren „zentralen" Zustand endgültig beibehält und des zukünftigen Paradieses versichert ist, während das Schicksal einer Seele im Verlauf der Seelenwanderung letztlich sogar die Hölle sein kann. In diesem Punkt stimmen die arischen und semitischen Eschatologien nicht gänzlich überein.*

Das Missverhältnis zwischen der hinduistischen Theorie der Aufeinanderfolge von Geburten und Toden (für die nicht geheiligte oder nicht erlöste Seele) und dem fantastischen Reinkarnationismus westlicher Kulte wird dadurch offenbar, dass der Hindu mit allen Mitteln versucht, der Wiedergeburt zu entgehen, welche „peripher" und kummervoll wäre und zudem in einer anderen Welt erfolgen würde, während der Pseudoesoteriker sich in unkluger und trügerischer Weise nach einem oder vielen weiteren Leben sehnt, die in seiner Vorstellung „zentral" und glücklich – und in dieser Welt! – erfolgen werden. Der Pseudoesoteriker wird möglicherweise in einen eitlen Glauben an die Reinkarnation getrieben, da er – zu Recht – ahnt, dass er die Hölle verdient (und in jedem Fall verhindern seine eindeutig irrigen Vorstellungen jeglichen Schritt in Richtung zum Himmel). Der Hindu sucht dem „Kreislauf des Daseins" zu entrinnen, der verblendete Häretiker verlangt es, darin zu bleiben. Für den orthodoxen Hindu könnte es somit keinen klareren Beweis für dessen verkehrtes Denken geben!

---

* Siehe: *Sur les traces de la religion perenne* von Frithjof Schuon, Kapitel 7 „Eschatologie universelle", Le Courier du Livre, Paris 1982

In unmittelbarem Zusammenhang mit der Seelenwanderung steht die Lehre vom Karma (der Auswirkung vergangenen Handelns): „Was der Mensch sät, das wird er ernten“ (Galater, 6,7); und „Die Rache ist mein; ich werde vergelten, spricht der Herr.“ (Römer, 12,19).

22

Die Frage des „Pantheismus"

Der Ausdruck „Pantheismus" wird sehr häufig auf morgenländische Lehren angewandt, besonders auf metaphysische oder mystische Lehren wie den Vedânta, den Taoismus oder das Sufitum. Darauf ließe sich sofort und klar erwidern, dass keine überlieferungsmäßige Lehre pantheistisch ist, da der verschwommene, oberflächliche und in sich widersprüchliche Begriff des Pantheismus (eine stoffliche Identität zwischen zwei verschiedenen Wirklichkeitsebenen) eine rein moderne Erscheinung ist.

Was jede überlieferungsmäßige Lehre der Beschuldigung, Pantheismus zu sein, enthebt, ist, mit einem Wort gesagt, die Transzendenz: Gott ist transzendent, und es gibt keine stoffliche oder formhafte Identität zwischen Schöpfung und Schöpfer. Das gilt auch für den „Emanationismus" der Hindus und Griechen, in welchem das Prinzip oder der Ursatz vollkommen transzendent gegenüber jeder seiner Kundgebungen bleibt.

Natürlich sind alle metaphysischen oder mystischen Lehren, seien sie morgenländisch, griechisch oder christlich, Lehren der Einung. (Wie bereits erwähnt, gibt es zwei verschiedene Grade der Einung, einen ontologischen oder einen supra-ontologischen). Christus sagte: „Ich und der Vater sind eins", und das Wesen des christlichen Weges liegt darin, mit Christus eins zu werden. Im Hinduismus ist gesagt: „Alle Dinge sind Âtmâ". Dies bedeutet – und es steht in Übereinstimmung mit der platonischen Lehre –, dass alle Dinge ihren Ursatz auf einer Wirklichkeitsebene haben, die über derjenigen liegt, auf welcher sie „existieren" (im Sinne des *ex-sistere*), und dass der Ursatz aller Ursätze Âtmâ ist. So gesehen besteht in der Tat „wesensmäßige" Identität, aber „stoffliche" Diskontinuität.

Im Hinduismus wird auch gesagt: „Die Welt ist falsch, Brahma ist wahr", während man im Christentum sagt: „Himmel und Erde werden vergehen, aber meine Worte werden nicht vergehen". Es ist eben kein Pantheismus, auf die Vergänglichkeit aller erschaffenen Dinge hinzuweisen (was seit Menschengedenken getan wird), sondern in allen Religionen wird dies als wahre Lehre angesehen.

Es ist zutreffend, dass es in der Mystik und in den heiligen Schriften (des Christentums und der morgenländischen Glaubenslehren) Ausdrucksweisen gibt, die Bilder einer stofflichen Gleichartigkeit benützen, zum Beispiel, wenn gesagt wird, dass alle Geschöpfe Gefäße aus dem gleichen Ton sind oder, dass alle Flüsse in das eine Meer zurückfließen, oder auch, wenn Christus sagt: „Ich bin der Weinstock, ihr seid die Reben." Indes ist der symbolische Charakter solcher Äußerungen offensichtlich, und in jedem Fall bürgen die orthodoxen Kommentare in jeder Religion dafür, dass das Element der Transzendenz nicht übersehen wird.

Die Vorstellung einer formhaften und stofflichen Identität zwischen zwei verschiedenen Wirklichkeitsebenen (oder die Beschränktheit, solch eine Vorstellung wörtlich zu nehmen) hat sich immer wieder auf europäische Philosophen und Dichter der letzten Jahrhunderte übertragen. Diese Vorstellung entbehrt jedoch jeglicher Tiefe und hat in der Tat keine besondere Bedeutung; und sie ist auch jeder überlieferungstreuen Betrachtungsweise fremd.

23

Weise und Heilige vergangener Zeiten

In der Geschichte des Christentums spricht man von den *doctores ecclesiae* (den Kirchenlehrern). Wäre ein solcher Ausdruck im Hinduismus gestattet, die Liste von *doctores* wäre lang und würde sicher Manu (den Verfasser des Mânava-Dharma-Shâstra oder des „Gesetzes des Manu“) enthalten, ebenso wie Bharatamuni (den Verfasser des Bharata-Nâtya-Shâstra), Vâlmîki (der das Râmâyana zusammengestellt hat) und Krishna Dvaipâyana Vyâsa (der das Mahâbhârata zusammengestellt hat), die alle in diesem Buch verschiedentlich erwähnt werden. Unter vielen anderen möchten wir an dieser Stelle folgende bedeutende *doctores* hervorheben:

Patañjali (etwa 100 v. Chr.–100 n. Chr.)

Patañjali ist der Verfasser der Yoga-Sûtras, die die Methoden des Râja-Yoga erläutern, für das das Hatha-Yoga eine Vorbereitung ist.

Shankâra (ca. 788–820 n. Chr.)

Shankara gilt als der klassische Vertreter der „Nicht-Zweiheit“ (Advaita) und ohne Zweifel als der bedeutendste Lehrer des „Erkenntnisweges“ (Jñâna-mârga) oder der reinen und unbedingten Metaphysik. Er wird oft Shrî Shankarâchârya genannt. Shrî, dessen wörtliche Bedeutung in Sanskrit „Glanz“ oder „Herrlichkeit“ ist, stellt einen Ehrentitel dar, der zuweilen auch mit „Herr“ übersetzt wird; Âchârya bedeutet „Lehrer“. Der Begriff „Nicht-Zweiheit“ ist sozusagen eine zweifache Verneinung und hat Parallelen in der vedantischen Ausdrucksweise „das Eine ohne ein Zweites“ und in dem islamischen Ausdruck „Er, dem nichts beigesellt ist“ (*lâ sharîka la-Hu*). Shankara ist der Verfasser ausführlicher Kommentare zu den Upanishaden, zur Bhagavad-Gîtâ und anderen heiligen Schriften. Zu seinen bekanntesten Werken gehören *Âtma-Bodha* („Erkenntnis des Selbst“) und *Viveka-chûda-mâni* („Das Kleinod der Unterscheidung“).

Râmânuja (1050–1137)
Shrî Râmânuja gilt als der Vertreter der „verhältnismäßigen Nicht-Zweiheit“ *(Vishishtâdvaita)* und seine geistige Einstellung ist jene des Bhakti-mârga. Rein äußerlich mag seine Ausdrucksweise der advaitischen und jñânischen Sicht eines Shankara widersprechen, jedoch besteht kein wesentlicher Widerspruch, aus dem einfachen Grund, da beide Gesichtspunkte auf verschiedenen Ebenen liegen (siehe auch die ersten beiden Abschnitte auf Seite 61). Hier wie anderswo auch kann man sagen: „Das Höhere enthält das Niedrigere“. Bhakti (liebende Hingabe), in angemessener Weise, ist in Jñâna (Erkenntnis) enthalten.

Madhva (1199–1278)
Shrî Madhva lehrte die „Zweiheit“ *(Savisheshâdvaita)*. Er schrieb Kommentare zu den *Upanishaden* und zur *Bhagavad-Gîtâ*.

Chaitanya (1486–1534)
Shrî Chaitanya war ein Vaishnava, der lehrte, dass die Anrufung des Namens Gottes *(Japa)* die wirksamste geistige Methode im Kali-Yuga (dem Dunklen Zeitalter) sei.

24

Jagadgurus und Shankarâchâryas

Auf Seite 99 war die Rede vom ersten Shankarâchârya (Adi-Shankarâchârya), dem erleuchteten Vertreter der metaphysischen Lehre, der im 9. Jahrhundert wirkte. Shankaras Aufgabe als Jñâna-yogi und als Meister des *Advaita-vâda* („des Weges der Nicht-Zweiheit") bestand darin, die Wahrheit in Worte zu fassen, sie zu erläutern und die allerletzte Wirklichkeit auszudrücken.

Es besteht eine gültige Linie geistiger Abstammung vom ursprünglichen Shankarâchârya bis hin zum heutigen Tag. Sie teilt sich auf in fünf traditionale Stätten *(Pîthas)*, Überlieferungen *(Âmnâyas)* oder Niederlassungen *(Maths)*, welche alle rechtmäßig und gültig sind. Alle fünf Inhaber dieser Amtssitze führen den Titel Shankarâchârya, und diese Shankarâchâryas haben ihren jeweiligen Sitz in Badrinath (im Norden), Puri (im Osten), Dvarkâ (im Westen), Kanchipuram (im Süden) und Shringeri (ebenfalls im Süden). Jeder Shankarâchârya besitzt auch den Titel Jagadguru oder „allheitlicher Lehrer" (wobei Jagad wörtlich „Welt" bedeutet).

Viele Wege führen zu Gott. In Indien wie anderswo ist der Weg der „Andacht" (Bhakti) am weitesten verbreitet. Die geistigen Nachfahren des ersten Shankarâchârya vertreten jedoch in ihren jeweiligen Gebieten in Indien überlieferungstreu und sinnbildlich das farblose Licht der Erkenntnis oder Gnosis (Jñâna).

Jeder Shankarâchârya hat gewissermaßen einen Umkreis, das

heißt, er reist öffentlich und zeremoniell und wird dabei von seinem Gefolge begleitet. In diesem Gefolge befinden sich manchmal auch Musiker, Elefanten, Kamele und Kühe. Für die Gemeinschaft im Allgemeinen übt der Shankarâchârya sein Amt in einer Weise aus, die die Buddhisten als eine „Tätigkeit der Gegenwart" bezeichnen würden: Er ist nicht nur ein Segen im Hinblick auf das, was er lehrt, sondern vor allem auf das, was er (oder sein Amt) ist. Zumindest in dieser Beziehung entspricht seine Rolle der eines herrschenden Monarchen und hat auch eine entsprechende Bedeutsamkeit.

Fünf *Pîthas* des Shankarâchârya			(Fünf Shankara *Maths*)
N	-	Badrinath	(*Jyotirmath*)
O	-	Puri	(*Govardhanamath*)
W	-	Dvarkâ	(*Kâlikâmath*)
S	-	Shringeri	(*Sharadâmath*)
S	-	Kâñci	(*Kâmikôtimath*)

Krishna und Râdhâ
(Kangra, 18. Jahrhundert, Benares Hindu Universität)

Pârvati

(Bronzestatue, Madras, 10. bis 12. Jahrhundert)

25

Weise und Heilige neuerer Zeit

Die Weisen und Heiligen lehren die Wahrheit und den Weg der Erlösung. Die Hindus halten es für wichtig, Weise und Heilige häufig aufzusuchen, um durch Lehre und Vorbild zu lernen und um Segen zu erhalten. Das Aufsuchen solcher Menschen wird *sat-sanga* genannt, was wörtlich „Verbindung mit der Wahrheit (oder Wirklichkeit)“ heißt. In manchen Fällen kann es sich dabei auch um eine geistige Beziehung zwischen einem geistigen Meister *(Guru)* und einem Schüler *(Shishya)* handeln.*

Man glaubt im Hindutum, das bloße Anschauen eines Heiligen oder auch nur seines Bildes bringe Segenskraft mit sich. Dies nennt man, „den Darshan eines Heiligen empfangen“.

Auf den folgenden Seiten werden einige Weise und Heilige neuerer Zeit vorgestellt.

---

* An dieser Stelle sollte vielleicht erwähnt werden, dass in den letzten Jahrzehnten massenweise falsche Hindu-Gurus im Westen aufgetreten sind.

Shrî Râmakrishna Paramahansa (1836–1886)

Shrî Râmakrishna wurde in einem Dorf in Bengalen geboren. Als junger Mann ging er nach Kalkutta, lehnte es aber ab, sich eine moderne weltliche Bildung anzueignen. Im Alter von dreißig Jahren wurde er Priester im Tempel von Dakshineshwar, wo er die meiste Zeit seines Lebens verbrachte. Er soll die Gottesschau dadurch erlangt haben, dass er den in den Heiligen Schriften aufgezeichneten Pfaden folgte. Er hatte eine unmittelbare Erfahrung des Christentums und des Islams und war die erste geistige Autorität der Neuzeit, die die innere Einheit aller offenbarten und orthodoxen Religionen lehrte. Seine Ausführungen über das sakramentale Wesen des Gebetes der Anrufung sind in seinem Ausspruch, „Gott und sein Name sind eins", zusammengefasst. Seine Lehren sind in dem Werk „Das Vermächtnis" enthalten, einer von Mahendranath Gupta zusammengestellten umfassenden Sammlung von Gesprächen, die Râmakrishna über viele Jahre hinweg mit seinen Schülern und Vertrauten geführt hat.

Swami Bhaskarânanda
(19. Jahrhundert)

Shrî Swami Bhaskarânanda wurde um 1828 geboren und wirkte in Benares. Als Methode der geistigen Verwirklichung lehrte er die Anrufung des Göttlichen Namens *(Japa)*. Das Bild auf der gegenüberliegenden Seite bedarf einiger Erläuterungen. Im Hinduismus wie auch in anderen Religionen gründet sich die heilige Nacktheit auf die Entsprechung, die zwischen dem Äußersten und dem Innersten besteht. „Die äußersten Gegensätze berühren sich". Es ist gesagt worden, dass die heilige Nacktheit die Ausstrahlung geistiger Kräfte begünstige und dass die weibliche Nacktheit im besonderen Lakshmî kundgebe und dadurch einen heilsamen Einfluss auf die Umgebung ausübe. Ein Beispiel dafür ist die große kaschmirische Heilige Lallâ Yogîshvarî, die, nachdem sie Gott in ihrem Herzen verwirklicht hatte, erklärte: „Darum tanze ich nackt." Im Christentum schrieb der heilige Gregor Palamas: „In geistigen Menschen verleiht die unerschaffene Gnade des Heiligen Geistes, wenn sie durch die Seele auf den Leib übertragen wird, auch diesem Erkenntnis von göttlichen Dingen. Gott, der über allen Dingen steht, willigt ein, teilzuhaben und unsichtbar sichtbar zu werden."

Shrî Râmana Mahârshi (1879–1950)

Shrî Râmana Mahârshi wurde in Tamilnad in der Nähe von Madurai geboren. Im Alter von 17 Jahren erlangte er in einem unwillkürlichen Akt der „Selbst-Suche“ die Gottesverwirklichung. Er verließ sein Zuhause und begab sich als Sâdhu (Pilger oder Einsiedler) in die Stadt Tiruvannamalai (etwa 200 km südwestlich von Madras), wo er den Rest seines Lebens verbrachte. Anfangs lebte er in einer Höhle des nahegelegenen heiligen Berges Arunachala; damals war er bereits als Mahârshi („großer Weiser“) bekannt, und bald scharten sich Schüler um ihn, die ihn in der dritten Person mit „Bhagavân“ (einem göttlichen Namen) anredeten. Nach etwa zwanzig Jahren zog Shrî Râmana Mahârshi vom Berg Arunachala nach Tiruvannamalai, einem Ort mit einem prächtigen Tempel, wo er für den Rest seines Lebens blieb. Seine einfache Wohnstätte wurde ein weltberühmter Âshram (Einsiedelei), den zahllose Menschen aus vielen Ländern aufsuchten, um ihn um Rat zu fragen. Shrî Râmana Mahârshi lehrte reinen Jñâna (Gotteserkenntnis), wobei er betonte, dass Karma (verdienstvolle Werke) und Bhakti (Andacht oder Liebe) notwendigerweise in Jñâna enthalten seien. Bis zum heutigen Tag führen Gläubige einen Umschreitungsritus (Pradakshina) um den heiligen Berg aus, auf dem er gewohnt hat.

Der Jagadguru von Kanchipuram (1894–1994)

Der volle Titel des Jagadgurus von Kanchipuram lautet: *Seine Heiligkeit der Jagadguru Shrî Chandrasekharendra Sarasvati, der 68. Shankarâchârya Svâmigal von Kâñcî Kâmakôti Pîtha.* Als Kind besuchte er eine amerikanische Missionsschule, in der er der beste Schüler im Fach Bibelstudien war. Im Jahr 1907 trat er im Alter von 13 Jahren das Amt des Oberhauptes des Kâmakoti Math (Mathâdhipati) an. Er war mit Mahatma Gandhi befreundet und standfester Vertreter von religiöser Toleranz. Nachdem er im Alter von 99 Jahren starb, wurde Shri Jayendra Sarasvati als 69. Svamigal sein Nachfolger, dem seinerseits bereits ein Nachfolger bestimmt wurde.

Anlässlich des Todes des Jagadguru erschien ein Nachruf auf ihn, den 68. Shankarâchârya Svâmigal, im Times Magazine vom 24. Januar 1994, in dem seine Freundschaft mit Mahatma Gandhi sowie seine profunde Kenntnis des Christentums erwähnt wurde. Der Jagadguru hatte einen tiefen Respekt für Christen und Muslime und der indische Premierminister betrauerte ihn als „den, der in dieser turbulenten Welt für Frieden und Harmonie stand."

Für mehr Details zur der spirituellen Traditionskette des Jagadgurus siehe Seiten 101 f.

Swami Ramdas
(1884–1963)

Swami Ramdas war in erster Linie ein Japa-yogin, ein Verehrer des Göttlichen Namens. Im Jahr 1922 verließ er seine Heimat in Kahangad in der Nähe von Mangalore, Südwestindien, um ein Wandermönch *(Sâdhu)* zu werden und sich ausschließlich dem Aussprechen des Allerhöchsten Namens zu weihen. Für den Rest seines Lebens wurde er ganz eins mit diesem geistigen Weg. Er betonte die Notwendigkeit vollkommenen Gottvertrauens und lehrte, dass die fortwährende Anrufung des offenbarten Namens Gottes ein heiligendes Sakrament und der sicherste und unmittelbarste Weg zum Heil sei. Swami Ramdas hatte noch während seiner Schulzeit mit Freude und Eifer die Werke Shakespeares in sich aufgenommen und verfügte über ausgezeichnete Englischkenntnisse. Seine Schriften stellen eine lebendige Anleitung für das geistige Leben dar. Sein bekanntestes Werk ist „Auf der Suche nach Gott" *(In Quest of God)*.

Mâ Ânanda Mâyî (1896–1982)

Mâ Ânanda Mâyî wurde in Nordindien geboren. Sie war eine große Liebesmystikerin, die heilige Glückseligkeit ausstrahlte; zu gleicher Zeit war sie aber auch eine unerbittliche Führerin auf dem geistigen Weg. Menschen aus aller Welt kamen zu ihr, um ihren Rat zu suchen und um ihren Darshan zu empfangen. Sie lehrte den zweifachen Weg der Liebe und Erkenntnis (Bhakti und Jñâna).

Wer zur Todesstunde Meiner gedenkend den Leib verlässt, der wird mit Mir vereint.

Bhagavad-Gîtâ, VIII, 5

26

Heilige Städte, heilige Flüsse, Pilgerstätten

Die sieben heiligen Städte

	geweiht dem
Ayodhya	Vishnu (Râma)
Mathura	Vishnu (Krishna)
Haridwar (Gaya, Maya)	Shiva
Kâsî (Varanasi)	Shiva (Vishvanatha)
Kâñchî (Conjeevaram)	Shiva und Vishnu
Ujjain (Avanthika)	Mahâkâleshvara)
Dvarkâ	Vishnu (Krishna)

Die sieben heiligen Flüsse

Ganga (Ganges), Yamuna, Godavari, Sarasvatî, Narmada, Sindhu (Indus), Kaveri (Cauvery)

Die vier Pilgerstätten

N	–	Badrinath
S	–	Rameshvaram
O	–	Puri
W	–	Dvarkâ

Die fünf Pîthâs von Shankarâchârya

N	–	Badrinath	Jyothimath
E	–	Puri	Govardhanamath
W	–	Dvarkâ	Kâlikâmath
S	–	Shringeri	Sharadâmath
S	–	Kâñchîpuram	Kâmikôtimath

*
* *

Ich bin der Same aller Wesen;
kein Wesen, sei's beseelt, sei's unbeseelt,
kann ohne Mich bestehn.

Bhagavad-Gîtâ, X, 39

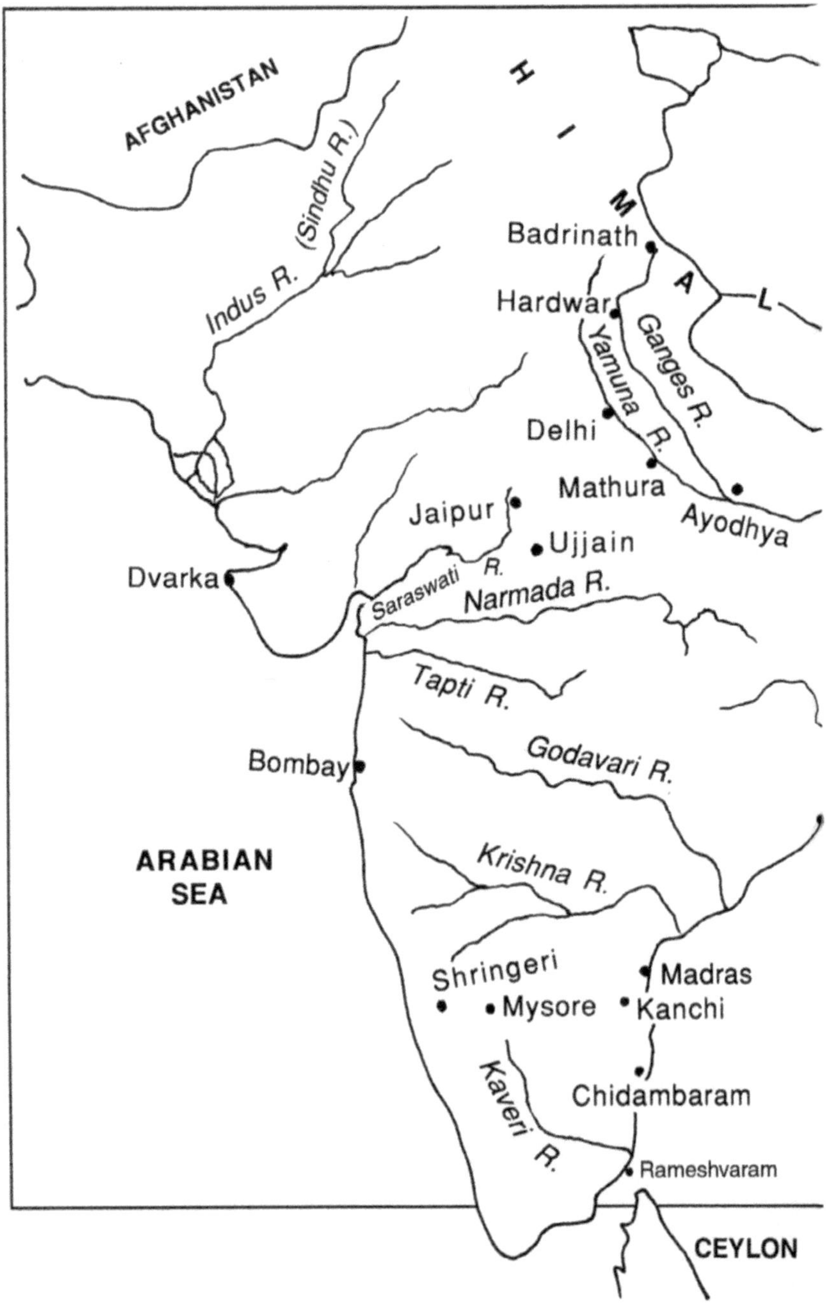
AFGHANISTAN
Indus R.
(Sindhu R.)
H
I
M
A
L
Badrinath
Hardwar
Yamuna R.
Ganges R.
Delhi
Mathura
Ayodhya
Jaipur
Ujjain
Dvarka
Saraswati R.
Narmada R.
Tapti R.
Bombay
Godavari R.
ARABIAN
SEA
Krishna R.
Shringeri
Mysore
Madras
Kanchi
Chidambaram
Kaveri R.
Rameshvaram
CEYLON

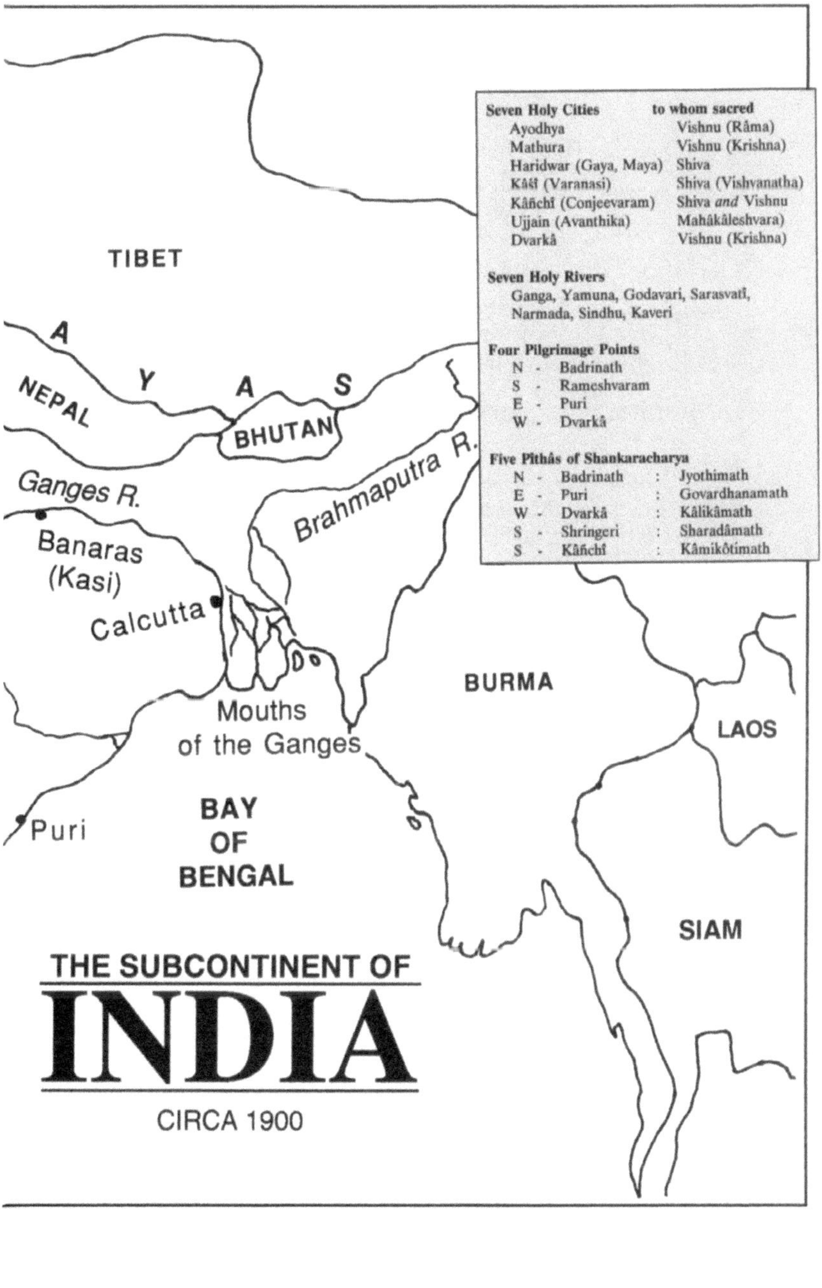
TIBET
A Y A S
NEPAL
BHUTAN
Brahmaputra R.
Ganges R.
Banaras
(Kasi)
Calcutta
Mouths
of the Ganges
BURMA
LAOS
Puri
BAY
OF
BENGAL
SIAM
Seven Holy Cities — to whom sacred
Ayodhya — Vishnu (Râma)
Mathura — Vishnu (Krishna)
Haridwar (Gaya, Maya) — Shiva
Kâśî (Varanasi) — Shiva (Vishvanatha)
Kâñchî (Conjeevaram) — Shiva *and* Vishnu
Ujjain (Avanthika) — Mahâkâleshvara)
Dvarkâ — Vishnu (Krishna)
Seven Holy Rivers
Ganga, Yamuna, Godavari, Sarasvatî,
Narmada, Sindhu, Kaveri
Four Pilgrimage Points
N - Badrinath
S - Rameshvaram
E - Puri
W - Dvarkâ
Five Pithâs of Shankaracharya
N - Badrinath : Jyothimath
E - Puri : Govardhanamath
W - Dvarkâ : Kâlikâmath
S - Shringeri : Sharadâmath
S - Kâñchî : Kâmikôtimath
THE SUBCONTINENT OF
INDIA
CIRCA 1900

In Gottes Herrlichkeit erschau dies Weltall und alles, was auf Erden lebt. Wer dem Vergänglichen entsagt, genießt die Ewigkeit.
Wer beides, das Allerhöchste (das Transzendente) und das Tiefinnerste (das Immanente) zugleich kennt, überwindet durch das Transzendente den Tod und gelangt durch das Immanente zur Unsterblichkeit.

Îshâ Upanishad, 1,14

27

Zwei Anblicke hinduistischer Frömmigkeit

Die Mythologie der Hindus als Träger des Heils

„Der Hindu, der Shrî Râma anruft, gibt sein eigenes Dasein auf für das seines Herrn: Es ist, als ob er schlafe, und Râma für ihn wache und handle; er schläft in Shrî Râma, in der göttlichen Form des Angerufenen, der alle Lasten des Lebens des Gläubigen auf sich nimmt und ihn schlussendlich in diese göttliche und unwandelbare Form selbst zurückführt.

Die Lehre des Râma ist in dem großen hinduistischen Epos, dem Râmâyana enthalten: Der Mythos erzählt das Schicksal der Seele (dargestellt durch Sîtâ), die von Leidenschaftlichkeit und Unwissenheit (dargestellt durch Ravâna) gefangen ist und ins Stoffliche verbannt ist an die äußersten Grenzen der Welt (nach Lankâ). Jede Seele, die sich Shrî Râma hingibt, setzt sich mit Sîtâ, der entführten und schließlich befreiten Heldin gleich.

Râdhâ, die ewige Gemahlin Krishnas, lässt an die gleiche Sinnbildlichkeit denken. Der Name Krishnas bringt die im Mahâbhârata (dem anderen großen hinduistischen Epos) verborgene Weisheit zum Ausdruck, die in der Bhagavad-Gîtâ, welche die Zusammenfassung und Blüte des Epos ist, offen dargelegt wird."

Frithjof Schuon, *Les Stations de la Sagesse,* Kapitel 5, „Des Modes de l'oraison", Seite 185

Baden im Ganges

„Für den Hindu verkörpert sich das Wasser des Lebens im Ganges, der im Himalaja, am Berge der Götter entspringend, die weitesten und bewohntesten Ebenen Indiens befruchtet. Sein Wasser gilt als durchaus rein, und in der Tat bleibt es durch den feinen Sand, den er mit sich treibt, vor aller Fäulnis bewahrt. Wer im Ganges reuig untertaucht, wird von allen Sünden befreit: Die innere Reinigung findet ihren Stützpunkt in der äußeren Reinigung durch das Wasser des heiligen Flusses, der gleichsam vom Himmel herstammt, denn seine Herkunft aus dem ewigen Eise des Weltenberges ist wie ein Abbild vom himmlischen Ursprung der Gnade, die als ‚lebendiges Wasser' aus der zeitlosen und unwandelbaren Stille entspringt. Hier wie in ähnlichen Riten anderer Religionen und Völker hilft die Entsprechung von Wasser und Seele dieser dazu, sich selbst zu reinigen oder, besser gesagt, ihr eigenes, an sich reines Wesen wiederzufinden, wobei das Sinnbild die Gnade vorbereitet."

Titus Burckhardt, *Spiegel der Weisheit*, Kapitel 10, „Von der Heiligkeit des Wassers"

28

Zwei Beschreibungen hinduistischer Kunst

„Die hinduistische Kunst hat etwas von der wogenden Schwere des Meeres und zugleich etwas von der wuchernden Üppigkeit des Urwaldes; sie ist prunkvoll, sinnlich glühend und rhythmisch, dem Tanze nahe verwandt, ist wie aus dem kosmischen Tanze der Götter entstanden. Der Stil der Tamilen ist in mancher Hinsicht schwerer und unbewegter als der der arischen Hindus des Nordens.

Bei der Aufzählung der Künste vergisst man allzu oft die Kunst der Bekleidung ... Der hinduistische Genius, der die ‚Frau-als-Mutter' gewissermaßen vergöttlicht, hat eine Frauenkleidung geschaffen, die in ihrer Schönheit, in ihrer Würde und in ihrer Weiblichkeit unübertroffen ist."

Frithjof Schuon,
Perspectives spirituelles, Seite 48–50

*
* *

„In der Darstellung des weiblichen Körpers übertrifft die indische Kunst bei weitem die griechische; diese ist von rein menschlichem Ethos erfüllt; ihr eigentliches Ideal ist der männliche Körper mit seiner die Vernunft betonenden, deutlichen Gliederung. Spät nur und auf rein sinnlicher Ebene erfasst die griechische Kunst die Schönheit des weiblichen Körpers; das Geschmeidige,

Gleitende, Ungeteilte an ihm, das der Knospe und dem Urmeer Verwandte vermag sie nicht geistig sich anzugleichen. Gerade das aber ist es, was die indische Kunst hervorhebt; ihre weiblichen Gestalten sind wie Blüten am Weltenbaum, wie mühelose Verkörperungen einer das Weltall durchdringenden Schwingung.

Das Sinnliche ist in der indischen Kunst kosmisch aufgefasst und deshalb seiner ethischen Zweideutigkeit enthoben. So sind auch die geschlechtlichen Darstellungen zu verstehen, die manchen indischen Tempel schmücken: Ihrem höchsten geistigen Sinn gemäß bedeuten sie den Zustand der Einung, bei dem innere und äußere Welt in einer höheren Wirklichkeit verschmelzen; gleichzeitig aber drücken sie das Wirken der kosmischen Kraft aus, die überall, auf allen Ebenen des Daseins, die beiden Pole des Tätigen und des Empfangenden verbindet. Der sinnliche Anblick der Bilder gilt diesem kosmischen Grunde.

Die vorwiegend menschlich gestalteten Götterbilder am Äußeren des Tempels sind durch Gebärden und Attribute gekennzeichnet. Der indische Bildhauer bedarf zur richtigen Wiedergabe der sinnbildlichen Stellungen und Gebärden *(Mudrâs)* einer gewissen Kenntnis des heiligen Tanzes. Dem Handwerk nach der Baukunst verpflichtet, borgt er also seine Mittel gleichzeitig von der ganz anders gearteten Kunst des Tanzes: Die Baukunst ist rein statisch; ihr Geheimnis besteht darin, dass sie den kosmischen Rhythmus der Zeit in räumliche Formen verwandle, während der heilige Tanz im Gegenteil die räumlich-leiblichen Bestimmungen in einen kosmischen Rhythmus einbegreift. Heiliger Tanz und heilige Baukunst sind im Hindutum die beiden hauptsächlichen, auf die Kunst angewandten Offenbarungen; aber der Tanz steht höher als die Baukunst, denn er hat den Menschen selber zum Mittel. Nicht umsonst haben diese beiden Pole künstlerischen Ausdruckes gemeinsam die vielleicht vollkommenste Frucht der indischen Kunst hervorgebracht: das Standbild des Tanzenden Shiva.

Der Tanz Shivas drückt das göttliche Wirken, das Schöpfen, Erhalten, Zerstören und Erlösen aus. Shiva selbst wird Natarâjâ, der ‚König des Tanzes', genannt. Die Gesetze des heiligen Tanzes beruhen auf einer besonderen, von ihm gegebenen Offenbarung.*

In dem klassischen Standbild des Tanzenden Shiva halten sich die statischen Gesetze der Bildhauerei und der Rhythmus des Tanzes auf vollkommene Weise die Waage: Die Bewegung, um eine unbewegte Achse kreisend gedacht, ist durch ihre Zerlegung in vier typische, gleichsam einander ablösende Gebärden in sich selber zur Ruhe gebracht; nicht dass die Bewegung erstarrt wäre; sie steht wie Wellenkreise in einem Gefäße, wie das innere Lodern einer Flamme, die am Ort verharrt; es ist, als sei die Zeit zeitlos geworden. Die Glieder entfalten sich so, dass der Betende, der die Figur von vorne sieht, ein restlos klares

* Dass der heilige indische Tanz aus einer übermenschlichen Quelle herstammt, ist mittelbar durch seine Ausstrahlung in Raum und Zeit bewiesen. Im buddhistischen Gewande hat er die Tanzweisen von Tibet und von ganz Ostasien einschließlich Japans bestimmt; in Java überlebte er den islamischen Einfluss; auf dem Weg über den Zigeunertanz hat er sogar den spanischen Tanz beeinflusst.

Bild erfasst: Alles ist in die Ebene des die Figur umrahmenden Flammenkreises eingeschrieben, ohne dass darob das Bewusstsein des allseitigen Raumes vermindert würde; im Gegenteil, der Beschauer erlebt, von welcher Seite er auch das Standbild erblicke, dessen gleichmäßige, einem heiligen Baume ähnliche Ausbreitung im Raum. Das liegt nicht zuletzt daran, dass jede Teilform eindeutig umrissen ist, ohne den Fluss des ganzen Leibes im Geringsten zu brechen.

Shiva tanzt auf dem besiegten Dämon des ungeschlachten Stoffes. In seiner äußersten Rechten hält Er die Trommel, deren Pulsschlag die Schöpfungstat bedeutet. Mit der nach vorn gewandten Handfläche gewährt der Gott Frieden; Er erhält, was Er erschaffen hat. Mit der nach unten gerichteten Hand zeigt Er den sich hebenden Fuß, Erlösung verheißend. In der äußersten Linken trägt Er den Feuerbrand, der die Welt zerstören wird.

Die Standbilder des Tanzenden Shiva zeigen abwechselnd oder auch gleichzeitig die Abzeichen eines Gottes und eines Büßers; denn Gott ist jenseits aller Gestalt und nimmt nur Gestalt an als göttliches Opfer."

Titus Burckhardt, *Vom Wesen heiliger Kunst in den Weltreligionen*, Kapitel 1, Seite 44–47

Shiva Natarâjâ
(Bronzestatue, 11. Jahrhundert, Department of National Museums, Colombo
Foto: Nihal Fernando)

Es ist das Dharma
des Wassers zu fließen,
des Feuers zu brennen,
der Fische zu schwimmen,
der Vögel zu fliegen,
und des Menschen, das Heil zu erlangen.

Wahlspruch der Hindus

29

Empfohlene Werke

Schuon, Frithjof

Von der inneren Einheit der Religionen (Verlag Hans-Jürgen Maurer, Freiburg 2007; ISBN 978-3-929345-34-6)

Leitgedanken zur Urbesinnung (Verlag Hans-Jürgen Maurer, Frankfurt 2010; ISBN 978-3-929345-44-5)

Esoterik als Grundsatz und Weg (Welt der Einheit, Hamburg 2012, tredition.de)

Logik und Transzendenz (Welt der Einheit, Hamburg 2013;, tredition.de)

Metaphysik und Esoterik im Überblick (Welt der Einheit, Ham burg 2012; tredition.de)

„Vedânta" in *Perspectives spirituelles et Faits humains* (Les Cahiers du Sud, Paris 1953)

„Modes de la réalisation spirituelle" in *L'Oeil du Coeur* (Dervy, Paris 1974)

„A View of Yoga" in *Language of the Self* (Ganesh, Madras, 1959; 2. Auflage, World Wisdom Books, Bloomington/IN, USA, 1999)

„Le sens des castes" in *Castes et Races* (Archè, Mailand & Dervy, Paris 1979)

„Mahâshakti“ in *Racines de la Condition Humaine* (Editions de La Table Ronde, Paris 1990)

Burckhardt, Titus
„Die Schöpfung des indischen Tempels“ in *Vom Wesen Heiliger Kunst in den Weltreligionen* (Aurum Verlag, Freiburg 1990)

Coomaraswamy, Ananda
Hinduism and Buddhism (Philosophical Library, New York 1943)

The Religious Basis of the Forms of Indian Society (Orientalia, New York 1946)

Spiritual Authority and Temporal Power in the Indian Theory of Government (American Oriental Society, New Haven, Conn., 1942)

Guénon, René
Introduction générale à l'étude des doctrines hindoues (Les Editions Vega, Paris 1964)

L'Homme et son devenir selon le Vêdânta (Les Éditions Traditionnelles, Paris 1978)

Études sur l'Hindouisme (Les Éditions Traditionnelles, Paris 1968 und 1973)

Vreede, Frans
The Essentials of Living Hindu Philosophy (Oxford University Press, Bombay Branch 1953)

Eck, Diana L.
Darśan – Seeing the Divine Image in India (Anima Books, Chambersburg, Pennsylvania, 2nd edition, 1985)

von Glasenapp, Helmuth
Indische Geisteswelt (2. Aufl., Verlag Werner Dausien, Hanau 1986)

Klostermaier, Klaus K.
Survey of Hinduism (State University of New York Press, Albany 1989)

Masui, Jacques (Herausgeber)
Approches de l'Inde (Les Cahiers du Sud, Paris 1949)

Râmâkrishna, Shrî
Das Vermächtnis (O. W. Barth Verlag, München 1981)

Ramdas, Swami
Auf der Suche nach Gott (Deutsche Erstveröffentlichung, Ansata-Verlag, Interlaken 1988)

Râmana Mahârshi, Shrî
Seine Lehren (Hugendubel, München 1983)

Zimmer, Heinrich
Indische Mythen und Symbole (Eugen-Diederichs-Verlag, Düsseldorf/Köln 1981)

Bagavadgîtâ: der vollständige Text mit dem Kommentar Shankaras (Droemer Knaur, München 1989)

Das Râmâyana des Valmiki,
(Eugen-Diederichs-Verlag, Düsseldorf/Köln 1981)

Shankâra
Das Kleinod der Unterscheidung (O. W. Barth Verlag, München 1981)

Das höchste Geheimnis des Vedânta, das in früheren Zeiten verkündet ward, sollte keinem gelehrt werden, der nicht seine Leidenschaften überwunden hatte, keinem, der nicht Sohn noch Schüler war.

Wenn diese Wahrheiten einem Mann hohen Sinns gelehrt werden – einem Mann, der seine tiefste Andacht Gott schenkt und so wie Gott seinem Guru – dann wahrlich, leuchten sie hell.

Shvetâshvatara Upanishad, VI, 22–23

Gruß dem glorreichen Guru, denn der Guru ist Brahmâ, der Guru ist Vishnu und sogar Maheshvara (Shiva) ist er. Wahrlich, der Guru ist das Allerhöchste Brahman Selbst.

Der Gurur-Brahmâ-Vers aus dem Vishvasâra-tantra

Das Kali-Yantra

Bücher vom selben Verfasser

Unbezwingliche Weisheit: Zitate aus den heiligen Schriften und von den Weisen und Heiligen aller Zeiten und aller Orte (Verlag Hans-Jürgen Maurer, Frankfurt am Main 2011)

Christen und Muslime: Was sie übereinander sagen (Verlag Hans-Jürgen Maurer, Frankfurt am Main 2009)

Das Sufitum: Geistige Lehre und mystischer Weg (Aurum Verlag, Freiburg im Breisgau 1979)

What does Islam Mean in Today's World? [Was bedeutet der Islam in der heutigen Welt?] (World Wisdom Books, Bloomington/Indiana/U.S.A. 2011)

Remembering in a World of Forgetting: Thoughts on Tradition and Postmodernism [Sich erinnern in einer Welt des Vergessens]. (World Wisdom Books, Bloomington/Indiana/U.S.A. 2008)

Outline of Buddhism [Grundzüge des Buddhismus]. (World Wisdom Books, Bloomington/Indiana/U.S.A. 2013)

ISBN 978-3-929345-44-5

ISBN 978-3-929345-34-6

ISBN 978-3-929345-62-9

ISBN 978-3-929345-46-9

ISBN 978-3-929345-16-2

ISBN 978-3-929345-28-5